1

MILLE ET UNE VIES

Sébastien CAUSSE

MILLE ET UNE VIES

Tome 3

à la mousse, aux balanes,
aux atomes,
au ciron et à l'infini, etc.

Cet ouvrage, composé de plusieurs tomes, est la somme de lectures et de rencontres au fil des ans. Il ne prétend pas engloutir les infinies propositions du monde, encore moins donner des leçons.

Ce n'est ni une encyclopédie, ni un dictionnaire, ni un traité de savoir-vivre.

Juste un minuscule et fragile reflet du monde parmi les milliards de milliards qui le composent.

L'humanité est maudite si, pour faire preuve de courage, elle est condamnée à tuer éternellement.

(Jean Jaurès)

***

Je dors par petites tranches de 10 à 20 minutes. Il m'arrive aussi de dormir par **sommeil** flash de 1 ou 2 minutes. Dès que la situation le permet, je repars dans le rythme de trois tranches de 1 heure 15 par jour, plus deux à trois siestes de 15 minutes.

(Jean-Pierre Dick, navigateur, à propos du Vendée Globe 2013)

***

Skynet travaille principalement sur les données collectées par les compagnies de **téléphonie mobile**. Les appareils actuels fournissent en continu des informations sur les appels reçus et émis, mais aussi sur leur localisation, ce qui permet de cartographier leurs déplacements. Bien entendu, quand un utilisateur éteint régulièrement son téléphone pour éviter d'être pisté, le programme de surveillance peut s'en apercevoir et le noter. En outre, les mobiles possèdent deux identifiants, le numéro de la carte SIM (IMS), et le numéro d'identification (IMEI) gravé dans l'appareil. Les utilisateurs naïfs, qui croient déjouer la surveillance en échangeant leurs cartes SIM, sont aisément repérés, surtout s'ils le font fréquemment. Enfin, même l'échange de mobiles peut être détecté et mémorisé : le programme est fondé sur le fait que les autres métadonnées restent constantes, notamment la localisation de l'utilisateur et ses interactions sociales.

Quand on lui fournit les profils des téléphones mobiles d'un pays tout entier, Skynet peut établir la routine quotidienne de ses habitants – ceux qui voyagent ensemble, qui partagent les mêmes contacts, qui restent souvent dormir chez des amis, qui déménagent régulièrement, qui vont à l'étranger… Au total, le système extrait 80 catégories de données, qui sont ensuite utilisées par les algorithmes pour créer des modélisations, ou comme variables explicatives pour déterminer les comportements. L'hypothèse fondamentale est que le mode de vie des cibles à identifier diffère fortement de celui des citoyens ordinaires.

(Yves Eudes, journaliste au journal « Le Monde », et Christian Grothoff, informaticien – 2015)

***

La fabrication des **diamants** artificiels.

Deux méthodes existent. Elles visent toutes deux à reproduire les conditions dans lesquelles les diamants se forment naturellement à plus de 100 km sous terre, avant d'être projetés vers la surface par les mouvements de lave dans les régions volcaniques. Ces méthodes, dites HPHT (pour « haute pression, haute température ») et CVD (pour « dépôt en phase gazeuse ») sont appliquées respectivement depuis 1995 et 2001.

Avec la première, la cristallisation est artificiellement provoquée dans une chambre hermétique où l'on place une forme pure de poudre de graphite – comme le diamant, le graphite est l'une des formes des cristaux d'atomes de carbone. Ce graphite est chauffé à plus de 1400 °C et soumis à une pression hydraulique supérieure à 50 tonnes par centimètre carré. En moins d'une heure, il se transforme en diamant par cristallisation du carbone.

Alchimie ?...

(Francesca Sacco, journaliste spécialisée dans la vulgarisation scientifique – « Le Temps » – octobre 2015)

***

La plupart des enfants sont des surdoués de la « pensée divergente », qui conditionne la création. Après dix ans d'école et d'écrans, la plupart perdent ce talent pour rejoindre la **pensée unique**.

(docu « Alphabet » d'Erwin Wagenhofer, cinéaste et écrivain – octobre 2015)

***

Nous ne sommes pas gouvernés démocratiquement car l'action des gouvernements n'obéit pas à des règles de transparence, d'exercice de la responsabilité, de réactivité ou d'écoute des citoyens clairement établies. Or, la théorie de la **démocratie** a jusqu'à présent fait l'impasse sur cette question des rapports entre gouvernés et gouvernants en se limitant à penser la représentation et l'élection. Il existe d'autres voies que celle qui pousserait à dessaisir les habitants de leurs droits de décisions sur les ressources dont ils dépendent.

(Hervé Ott, formateur en approche et transformation constructive des conflits, installé sur le Larzac depuis 1971)

***

Le **recyclage**.
Il faut six bouteilles d'eau pour faire une peluche, 67 pour réaliser une couette, 25 bidons de lait de 2 litres pour fabriquer un arrosoir, 7 bidons de lessive pour un siège auto…

***

En réalité, les acteurs dominants du capitalisme néolibéral adorent le **chômage** comme dispositif disciplinaire les autorisant, d'une part, à freiner les revendications salariales et, de l'autre, à intensifier et précariser le travail pour accroitre les profits.

Seuls quelques pays – entre douze et quatorze – et une petite partie de l'humanité – environ un cinquième de la population mondiale – portent la responsabilité historique des émissions de **gaz à effet de serre** à ce jour.

Animée par la croyance en une croissance indéfinie, la modernité industrielle a externalisé la **nature**, perçue comme un stock inerte, voire comme une pourvoyeuse de flux financiers censés rémunérer les « services rendus » par les écosystèmes.

(« Le Monde diplomatique » – octobre 2015)

***

Jusqu'alors, même les peintres les plus novateurs comme les impressionnistes et les fauves avaient respecté les formes naturelles. Le **cubisme**, lui, allait, les contraindre à la dure loi de la géométrie : seules les droites parfaitement rectilignes et les courbes du compas règneraient. Cet art allait aussi bannir la perspective qui, pourtant, depuis quatre siècles, donnait l'illusion au spectateur qu'il voyait la scène depuis un point de vue unique. Dès lors décomposés en facettes, corps et objets seraient montrés comme si l'œil en découvrait en même temps l'avant, l'arrière et les côtés. Abolies aussi la lumière et l'ombre qui leur donnaient auparavant du volume.

(« GéoArt » : Picasso)

***

Quelque chose ne tourne pas rond chez les garçons. Les chiffres parlent d'eux-mêmes : au collège, ils représentent 80 % des élèves sanctionnés tous motifs confondus, 92 % des élèves sanctionnés pour des actes relevant d'atteinte aux biens et aux personnes, ou encore 86 % des élèves des dispositifs Relais qui accueillent les jeunes entrés dans un processus de rejet de l'institution scolaire.

Tous ces garçons ont-ils des problèmes, des troubles du comportement et/ou de l'apprentissage ? Eh bien non, loin s'en faut. Des travaux récents montrent que leurs transgressions et leurs difficultés scolaires sont, le plus souvent et quel que soit leur milieu social d'origine, des conduites liées à la construction même de leur **identité masculine**.

Très jeunes, et surtout pendant les années de collège, période où la puberté vient sexuer toutes les relations, les garçons se retrouvent en effet pris entre deux systèmes normatifs. Le premier, véhiculé par l'école, prône les valeurs de calme, de sagesse, de travail, d'obéissance, de discrétion, vertus traditionnellement associées à la féminité. Le second, relayé par la communauté des pairs et la société civile, valorise les comportements virils et encourage les garçons à tout le contraire : enfreindre les règles, se montrer insolents, jouer les fumistes, monopoliser l'attention, l'espace, faire usage de leur force physique, s'afficher comme sexuellement dominants. Le but est de se démarquer hiérarchiquement, et à n'importe quel prix, de tout ce qui est assimilé au « féminin », y compris à l'intérieur de la catégorie « garçons », quitte à instrumentaliser l'orientation scolaire, l'appareil disciplinaire ou même la relation pédagogique – qui, ne l'oublions pas, est une relation sexuée.

(Sylvie Ayral, docteur en sciences de l'éducation, et Yves Raibaud, chercheur spécialiste de la spécialité du genre : Pour en finir avec la fabrique des garçons – éd. MSHA)

***

Comment pourrais-je vivre sans ses cheveux blonds, sans ses yeux verts, sans ses lèvres roses ?

(Roger Borniche, inspecteur de police : Flic story – Fayard)

***

L'écriture est un paysage, elle ne va nulle part. Elle est là, un point c'est tout. La respirer, voilà ce qu'on peut faire. (…) Imaginez-vous assis dans un fauteuil à bascule, en train d'admirer le paysage, dans l'air pur du matin. A présent, cessez de vous balancer l'espace de quelques secondes. C'est différent, n'est-ce pas ? Dans un bon **livre**, la trame c'est le balancement du fauteuil.

(Alessandro Baricco : Une certaine vision du monde – Gallimard)

***

Si le purin coule vers le bas, pourquoi vivons-nous dans la vallée ?

(Terry Gilliam, acteur, réalisateur et scénariste : Gilliamesque. Mémoires posthumes – éd. Sonatine)

***

Port hautain, mâchoire carrée, large sourire : Tarcisio Pietro Evasio Bertone, bientôt 81 ans, toujours couvert de parements précieux, a fait une belle carrière dans l'Eglise. Secrétaire d'Etat en 2006, c'est-à-dire chef du gouvernement de l'**Eglise**. Le pape François le considère comme responsable de l'absence de transparence dans les comptes de l'Eglise. Son éviction du secrétariat d'Etat a été officialisée le 15 octobre 2015.

Mais il garde son goût pour les signes extérieurs du pouvoir. Tel cet appartement fastueux de 300 mètres carrés avec terrasse dans le Palazzo San Carlo, où il s'est installé. Coût des travaux : dans les 500 000 euros, payés pour moitié par la Fondation de l'Enfant Jésus, censée consacrer ses fonds aux enfants malades.

Devenu le symbole de la « dolce vita vaticana », Bertone accumule les extravagances comme des défis : fête somptueuse pour ses 80 ans le 3 décembre 2014, vacances de luxe aux Combes, hélicoptère loué pour 24 000 euros et payé toujours par la Fondation de l'Enfant Jésus pour le transporter de Rome dans la région Basilicate… Durant la réception de ses 80 ans, devant une quarantaine d'invités, Bertone déploie sa porcelaine de Flandres, son argenterie ancienne pour servir un menu à base de truffes d'Alba et des vins piémontais. Pendant ce temps, « le pape soupait au réfectoire de Santa Marta avant de regagner les 50 mètres carrés de son logement ».

(Marco Politi, éditorialiste : François parmi les loups)

***

Non seulement chacun a naturellement tendance à chercher des idées qui renforcent son point de vue, y compris – et surtout – lorsqu'il est faux, mais, en plus de cela, on sélectionne des arguments faiblards pour les soutenir – en étant en général très content de soi. Ainsi que l'écrivait le philosophe allemand Arthur Schopenhauer dans « L'Art d'avoir toujours raison », livre de chevet de tous les professionnels du débat, qu'ils soient politiciens ou journalistes, « la **vanité** innée, particulièrement sensible à la puissance de l'intellect, ne souffre pas que notre position soit fausse et celle de l'adversaire correcte ». Dans les faits, autant nous esquivons l'analyse critique de ce que nous avançons, autant cette paresse intellectuelle s'évanouit quand il s'agit de passer au crible les arguments de ceux qui ne sont pas d'accord avec nous. Face à un débatteur, « ce n'est pas de la vérité que nous nous préoccupons mais de la victoire ».

(Pierre Barthélémy, journaliste)

***

… cette période de l'**adolescence** étendue, caractéristique de notre civilisation contemporaine – à telle enseigne qu'on parle de pré- et de post-adolescence. Cette partie de la vie est une phase de mutation qui touche les aspects les plus cruciaux de l'existence. Car tous les idéaux de l'enfance, liés à la façon naïve dont l'enfant a de percevoir la vie, le monde, le bien, tombent. L'enfant découvre que la société est faite de semblants, la vision du monde proposée par ses parents lui paraît mensongère. C'est la « désidéalisation ». L'adolescent doit alors substituer de nouveaux idéaux à ceux qu'il a perdus : il vit une période d'avidité d'idéaux. Certains partent ainsi en quête de pureté ou de justice. Cette transformation est particulièrement difficile à réaliser pour des jeunes qui ont des troubles identitaires importants, soit parce qu'ils ont connu des accidents de la vie, soit à cause de défaillances de leur environnement familial ou social. Ils sont en attente d'une réponse ou d'une solution pour sortir d'un passage à vide et parfois même de l'errance.

Il ne faut pas oublier non plus qu'il y a beaucoup de tentatives de **suicide** chez les adolescents. Or certains vous disent qu'ils ne voulaient pas mourir. Une patiente a dit un jour : « Je voulais me tuer, mais pas mourir », elle voulait faire une traversée, « changer de peau ».

(Fathi Benslama, professeur de psychopathologie)

***

Il y a le garçon d'avant, avec sa petite vie ordinaire de banlieue, machiniste sur la ligne 148 du centre bus des Pavillons-sous-Bois. Avec son apparence banale, cheveux courts, jeans, baskets, qui a laissé le souvenir d'un gars sans histoire, poli, souriant. Et puis il y a l'autre, le monstrueux Samy Amimour, devenu tueur de masse et **djihadiste** fou, qui a cru s'épanouir à 28 ans dans l'horreur, en abattant froidement des dizaines de gens, le vendredi 13 novembre dernier, au Bataclan.

Avant de se faire exploser, il n'était rien d'autre qu' « un gentil garçon » dans la tête de ceux qui l'ont vu grandir. A l'école, le garçon se pose en enfant studieux, qui ne fait pas de vagues. Karim, qui était au collège Paul-Bert avec lui, ne se souvient « de rien en particulier, parce qu'il était assez discret. Je peux seulement dire qu'il était un élève sage, intelligent, gentil avec nous, ses camarades ». Il décroche un bac littéraire au lycée Delacroix.

(Céline Rastello, journaliste, Marie Vaton, journaliste, et Elsa Vigoureux, reporter)

***

Sans croissance, le néolibéralisme part en vrille et s'attaque à toutes les sphères de l'existence, cherche à tout mercantiliser, l'amitié, l'amour, l'accès au savoir et à la santé, la protection contre le chômage et les maux de la vieillesse, etc. : saisi par *l'hubris* (la démesure), le marché devient lui-même sa propre fin.

Le **convivialisme** énonce le principe d'opposition maîtrisée : parce que chacun a vocation à manifester son individualité singulière, il est naturel que les humains puissent s'opposer. Mais il ne leur est légitime de le faire qu'aussi longtemps que cela ne met pas en danger le cadre de commune socialité qui rend cette rivalité féconde et non destructrice. La politique bonne est donc celle qui permet aux êtres humains de se différencier en acceptant et en maîtrisant le conflit.

(Alain Caillé, sociologue : Le convivialisme en dix questions – éd. Le Bord de l'eau)

***

L'explosion d'une banale ampoule électrique a suffi à déclencher un tsunami de panique, dimanche soir, parmi la foule rassemblée place de la République et aux alentours.

Tout commence loin de là, vers 18 h 30, au Dîner Bedford, un restaurant situé rue du Bourg-Tibourg, à deux pas de l'Hôtel de Ville. Tout à coup sur la terrasse, une lampe explose. Surpris, les consommateurs s'écartent brusquement. Interloqué, un policier en civil dégaîne aussitôt son arme de service. Il n'en faut pas plus pour transformer le premier mouvement de peur en **sauve-qui-peut** général. En un clin d'œil, la foule se met à courir. Certains crient qu'ils ont vu un terroriste armé…

A la vue de cette débandade, les passants des rues Sainte-Croix-de-la-Bretonnerie et des Archives prennent à leur tour leurs jambes à leur cou. En un instant, les nombreuses terrasses sont désertées, les tables renversées et les verres brisés. Des passants sont piétinés, d'autres se terrent dans les commerces ou derrière des portes cochères.

Ce n'est que le début : le mouvement se propage comme une vague. Beaubourg et les Halles sont atteints en un instant. Rue de Turbigo, des policiers, voyant les gens courir, leur hurlent de se mettre à l'abri. Et relancent du même coup la panique.

Pendant ce temps, l'onde de fuite a remonté la rue des Archives et atteint la place de la République, où des milliers de personnes se mettent à déguerpir à leur tour. Et ça continue ! Le mouvement gagne bientôt le canal Saint-Martin, remonte la rue Alibert et celle du Faubourg-du-Temple. La vague va finir par mourir sur les pentes de Belleville, à la gare de l'Est et sur les bords du quai de Loire. A plus de 2 km de l'ampoule explosée.

(« Le Canard enchaîné » – 18 novembre 2015)

***

La **sanction** est un acte performatif qui définit, confirme et consacre les garçons virils et dominants. L'appareil punitif scolaire, en les stigmatisant, les consacre dans leur identité masculine, et construit ainsi ce qu'il prétend corriger.

L'attribution d'une sanction est un dispositif ritualisé, organisé à la fois pour la désignation du contrevenant et pour la mise en scène de la hiérarchie des pouvoirs. Ce dispositif est renforcé par l'appareil d'écriture qui l'accompagne – avertissements officiels, registre des sanctions, comptes rendus de conseils de discipline, etc.

Une fois étiquetés – on pourrait dire « médaillés » – par les premières sanctions, les garçons dominants se comportent en fonction de ce qu'ils pensent que l'on attend d'eux.

(Sylvie Ayral : La fabrique des garçons : sanctions et genre au collège – PUF – 2011)

***

Toute sanction doit respecter quatre règles de **droit pénal** :

- proportionnalité de la sanction à la gravité de l'acte
- légalité : si quelque chose n'est pas expressément interdit, on ne peut être puni pour l'avoir fait
- individualisation : on ne peut pas punir un groupe pour un acte commis par une personne de ce groupe
- principe du contradictoire : toutes les parties doivent être entendues.

***

La jeunesse, c'est quelque chose d'incompréhensible, quelque chose qui aide les gens à **survivre**.

(Silva Linarte, ancienne déportée au goulag – Mémoires européennes du Goulag)

***

Le discours du psychologue amène dans la **biographie** de l'enfant des éléments positifs qui contrastent avec une vision souvent négative de l'enseignant. Ainsi, un enfant décrit par ce dernier comme « aime à faire le guignol, babillard, colère subite » devient sous la plume de l'expert « très nerveux, mouvements saccadés, sympathique, ouvert ». Parfois, la distance entre le discours de l'un et de l'autre est étonnante, telle celle entre les propos du maître signalant l'enfant de onze ans comme « agité, têtu, querelleur, babillard, distrait et menteur » et ceux du psychologue qui le décrit comme « rieur, sympathique, paraît de nature douce, suggestible ». Certes, le vocabulaire décrivant l'attitude relève d'une perception subjective du psychologue lors du premier contact. Il peut aussi rester proche d'un langage du sens commun. Se dégagent en négatif et en positif quelques figures pathologiques qui révèlent les normes de la culture scolaire et, plus largement, l'attente des professionnels à l'égard des enfants entre huit et douze ans. D'un côté, la lenteur (apathique, atone, englué, peu de vie), la nervosité (touche-à-tout, agité, brusque) et la « fermeture » (buté, renfrogné, hésitant, peu expansif, peu de tenue, timide, manque d'ordre, fermé, apeuré, endormi). De l'autre, « l'ouverture » (souriant, confiant, éveillé, non intimidé, ouvert, sympathique, gai, joyeux content, rieur, affectueux), le calme (tranquille, gentil, docile, sensible) et la bonne éducation (poli, appliqué, bien tenu, désireux de bien faire).

(Martine Ruchat, historienne de l'éducation : Observer et mesurer : quelle place pour l'infans dans le diagnostic médico-pédagogique ? 1912-1958 – RHEI (Revue d'histoire de l'enfance irrégulière) 2009)

***

Le roman décrit également la violence dont sont **victimes** les pensionnaires, de la part des « kapos » tout d'abord, ces délinquants de droit commun envoyés à l'Asilo Duran par le tribunal pour mineurs, mais également de la part des religieux, une congrégation d'origine marseillaise, San Pedro Ad Vincula. La punition la plus redoutée est la *paliza*, raclée administrée par les religieux dans un préau attenant au dortoir afin que les autres pensionnaires ne perdent aucun de ces « cris de bête entrecoupés de sanglots ». L'auteur établit un parallèle entre le camp de concentration dans lequel Tanguy a été interné en Allemagne et l'Asilo Duran, assimilant l'animalité des SS à celle des religieux. Enfin, le roman évoque l'atmosphère de sexualité effrénée dans laquelle vivent les adolescents : sexualité entre pensionnaires, tout d'abord, avec les « kapos », par ailleurs, et avec les religieux, enfin, qui ont leurs « favoris », choisis dans la division des garçons les plus jeunes, âgés de 8 à 13 ans.

(Amélie Nuq, maîtresse de conférences en histoire contemporaine : L'affaire Michel del Castillo, une campagne de protestation contre les maisons de redressement espagnoles (1957-1959) – RHEI)

***

... un très grand amour dans deux très petits corps.

(Bruno Dumont, scénariste et réalisateur, à propos de son film « P'tit Quinquin »)

***

En 1885, le docteur Vincent Laborde (1830 - 1903) obtient l'autorisation du maire de Troyes de récupérer rapidement la tête d'un assassin nommé Gagny, que la Veuve devait sectionner dans la préfecture de l'Aube.

Voici donc notre médecin qui se prépare à une expérience unique qu'il décrit, en novembre de la même année, dans la « Revue scientifique ». Sept minutes après que la guillotine a fait son œuvre, il reçoit la **tête** de Gagny qu'il compte perfuser en connectant la carotide gauche au système sanguin d'un « chien vigoureux » tandis que du sang de bœuf « convenablement chauffé » doit être injecté dans la carotide droite. Hélas – que la peste soit du rémouleur qui avait mal affuté le couperet ! – « la section, très mal faite, des tissus mous, qui étaient comme mâchonnés et déchiquetés, rendit très laborieuse la recherche des carotides profondément rétractées et dissimulées ; cela fit perdre dix minutes ». Pour comble de malchance, les trous percés au vilebrequin dans le crâne pour insérer des électrodes dans le cerveau le sont au mauvais endroit.

Heureusement, tout rentre dans l'ordre grâce au sang-froid du docteur Laborde. Lequel peut constater que le visage, sous l'effet de la transfusion, s'empourpre de nouveau et que, une fois les électrodes convenablement placées, les impulsions électriques qu'elles véhiculent déclenchent encore des réactions faciales réflexes, de spectaculaires contractions de la paupière et du sourcil, ainsi que des claquements de mâchoire. Comme si la tête revivait… Surtout, grâce au dispositif expérimental, la connexion entre le cerveau et les muscles du visage se maintient pendant une quarantaine de minutes après la mort. Mais jamais Gagny ne reparle.

(Pierre Barthélémy, journaliste scientifique – novembre 2015)

***

Le système des pensionnats a sans nul doute été un instrument ethnocidaire. Entendons ici le concept d'**ethnocide** comme la volonté de détruire l'identité et la culture d'un peuple en vue de son assimilation. Tout semble avoir été dit sur cette colonisation des corps et des esprits dans l'univers ultra-policé de ces institutions.

On peut imaginer sans peine le désarroi de ces enfants arrachés à leur familles, quittant la chaleur humaine de leurs foyers pour de froids bâtiments, dortoirs et salles de classe, obligés de revêtir des uniformes, d'oublier leurs langues maternelles et de manger une nourriture inconnue, sous la surveillance constante de religieux qui n'avaient pas tous la fibre parentale. Beaucoup firent subir des abus physiques et moraux aux enfants, certains des abus sexuels. Les chiffres exacts ne pourront jamais être connus, faute de dénonciations, mais d'après Jennifer Llewelyn, « sexual abuse by caregivers and administrators was rampant in the schools. »

Les Amérindiens étaient vus comme des individus infantiles et non civilisés, incapables de prendre en main leurs propres affaires, préférant l'imprévoyance de la chasse et de la pêche au dur labeur. Il fallait donc leur enseigner le sens du travail et de l'économie. Tenus dans l'ignorance et la superstition par leurs chamanes et leurs croyances, il fallait les christianiser. Nomades arriérés faisant partie d'une race en voie d'extinction, dépendants de la bienveillance de l'Etat, parlant de curieuses langues inutiles, il fallait les aider à devenir un peuple avancé, sédentaire, parlant l'anglais et/ou le français. Mais pour les faire parvenir au degré de progrès nécessaire pour leur élévation au même rang que les Canadiens d'origine européenne, le moyen le plus efficace sembla vite être de ne pas attendre que les adultes soient devenus irrécupérables et de s'attaquer au problème dès l'enfance.

Dans la panoplie des moyens mis en œuvre par le gouvernement canadien (lois, interdiction de traditions, dépossession territoriale, etc.), au fil des décennies, pour assimiler les Amérindiens, puis les autres autochtones, au reste de la population canadienne, l'école, et en particulier l'école résidentielle, devint une des stratégies privilégiées.

(Marie-Pierre Bousquet, anthropologue : Etres libres ou sauvages à civiliser – L'éducation des jeunes Amérindiens dans les pensionnats indiens au Québec, des années 1950 à 1970 – RHEI)

***

C'est une loi pénale de 1791 préfigurant le Code pénal de 1810 qui fixe la minorité pénale à 16 ans.

Elle introduit dans cette approche de la minorité la notion de discernement et la question de savoir à quel moment un mineur est accessible à la sanction pénale. Le mineur considéré comme discernant est condamné à une peine inférieure à celle des adultes. Le mineur non discernant est acquitté, soit remis à ses parents, soit placé dans une maison d'éducation spéciale pour y être élevé et détenu jusqu'à sa majorité pénale ou civile. Pendant près d'un demi-siècle, on sera confronté à ce système absurde. Les uns et les autres seront placés dans les mêmes maisons de détention, sous le même régime, mêlés aux adultes. Pour les discernants, la détention durera le temps de la peine, souvent quelques mois ; pour les non discernants, elle durera jusqu'à l'âge de 16 ans ou 20 ans !

L'essor industriel, l'urbanisation massive, la constitution d'un prolétariat urbain misérable qui inquiète la société bourgeoise et citadine, amènent naturellement à éloigner les enfants pauvres et vagabonds des villes – le vagabondage des mineurs restera un délit jusqu'en 1935 ! – pour les réintroduire dans le monde rural, qui acquiert ainsi une sorte de fonction rédemptrice à l'égard de l'enfant vagabond tout en protégeant la société urbaine. La référence religieuse reste très présente, évoquant les bienfaits de la nature : « Elle rapproche de Dieu, elle inspire la crainte divine et par là même la soumission à l'autorité. » Une entreprise pédagogique où éducation et soumission se conjuguent...

Evoquant la personnalité des pupilles de la colonie d'Aniane, André Mailhol en a une vision bien négative : « 10 % des pupilles tarés accusent des vices sérieux de conformation physique », mais aussi d'autres « troublés par la puberté qui deviennent hébétés à la suite de pratiques vicieuses auxquelles ils se livrent sur eux-mêmes »… « Masturbation, pédérastie, ils ne sont pas susceptibles d'amendement. »

Cette évocation de l'**homosexualité** ambiante dans ces institutions a amené depuis le début du siècle à transformer, dans les colonies pénitentiaires et correctionnelles, les dortoirs qui sont devenus cellulaires. Chaque pupille couche dans une cellule grillagée de 1,50 mètre sur 2 mètres. Aniane possède sur ce modèle quatre dortoirs d'une contenance de 80 à 150 places. Pour renforcer la surveillance, une fermeture mécanique permet au moyen de leviers d'ouvrir et de fermer simultanément toutes les cellules.

(Jacques Bourquin, directeur à la Protection judiciaire de la jeunesse : De la correction à l'éducation – Aniane, une institution pour mineurs – RHEI)

***

Anthropophagie.
Ils cherchèrent donc à faire durer ce qui leur restait encore en consommant des morceaux que jusqu'alors on avait dédaignés. Les pieds et les mains, par exemple, fournissaient une chair qu'on pouvait détacher des os. Ils s'efforcèrent aussi de manger la

langue d'un cadavre, mais ils ne purent l'avaler et l'un d'entre eux mangea les testicules d'un mort.

En revanche, ils absorbaient tous la moelle. Quand le dernier lambeau de chair avait été gratté, on brisait l'os à la hache et on retirait la moelle avec un morceau de fil ou avec un couteau et on la distribuait. Ils mangèrent aussi les caillots de sang qu'ils trouvèrent autour du cœur de presque tous les cadavres. Leur tissu et leur goût étaient différents de ceux de la chair et du gras, et ils en étaient arrivés à être écœurés par la monotonie de leur régime. Ce n'étaient pas seulement leurs sens qui réclamaient des saveurs différentes, leur corps aussi avait besoin de ces matières minérales dont ils étaient depuis si longtemps privés, et par-dessus tout le sel. Et c'est pour remédier à ces exigences que les moins dégoûtés parmi les survivants se mirent à manger ces morceaux qui avaient commencé à se putréfier. Cela arriva même pour les entrailles de ceux qu'on avait recouverts de neige, et il y avait aussi les restes des premiers squelettes éparpillés autour de l'avion qui n'étaient pas protégés du soleil. Plus tard, tous firent de même.

Ce qu'ils faisaient, c'était prendre l'intestin grêle, presser ce qu'il contenait dans la neige, le couper en petits morceaux et l'avaler. Le goût en était puissant et salé. L'un d'eux essaya d'entourer un os avec cette chair et de la faire rôtir au feu. La viande pourrie, à laquelle ils goûtèrent plus tard, avait le goût du fromage.

La dernière découverte qu'ils firent pour se procurer une certaine diversité dans la nourriture fut le

33

cerveau des morts qu'on avait jusqu'alors rejeté. Canessa leur avait dit que, bien que sans particulière valeur nutritive, le cerveau contenait du glucose qui leur donnerait de l'énergie ; il avait été le premier à prendre une tête, à inciser la peau du front, à enlever le cuir chevelu et à briser le crâne avec la hache. Les lobes du cerveau étaient ou bien répartis et mangés encore gelés, ou bien utilisés pour faire la sauce d'un ragoût ; le foie, les intestins, les muscles, la graisse, les reins, cuits ou crus, furent coupés en petits morceaux et mélangés avec le cerveau. La nourriture avait meilleur goût préparée comme cela et elle était plus facile à manger. La seule difficulté était le manque de bols assez profonds pour la contenir, car jusqu'alors la viande avait été servie sur des assiettes, des plateaux et des morceaux de feuille d'aluminium. Pour le ragoût, Inciarte utilisait un bol à raser tandis que d'autres se servaient d'un crâne. Quatre bols faits avec des crânes furent ainsi mis en service et l'on fabriqua quelques cuillers avec des os.

Le cerveau n'était pas comestible une fois pourri, aussi toutes les têtes des corps déjà consommés furent-elles réunies et enterrées dans la neige.

(Piers Paul Read, romancier : Les survivants – Grasset – 1974)

***

Si l'enfant est le père de l'homme, comment savoir les premières impressions, les attachements, les frustrations et les chagrins de ce temps dont on perd la **mémoire** ?

Si votre **piété** n'est pas éclairée, vous oublierez vos devoirs pour ne vous occuper que de petites pratiques ; parce que la prière est nécessaire, saine, vous croirez devoir toujours prier, et ne considérant pas que la vraie dévotion consiste à remplir d'abord votre état, il ne tiendra à vous que vous ne viviez dans votre cour comme dans un cloître. Les hypocrites se multiplieront autour de vous. Les moines sortiront de leurs cellules. Les prêtres quitteront le service de l'autel pour venir s'édifier à la vue de vos saintes œuvres. Prince aveugle ! Vous ne sentirez pas combien leur conduite est en contradiction avec leur langage ; vous ne remarquerez pas seulement que les hommes qui vous louent d'être toujours au pied des autels oublient eux-mêmes que leur devoir est d'y être. Vous prendrez insensiblement leur place pour leur céder la vôtre ; vous prierez continuellement et vous croirez faire votre salut ; ils cesseront de prier et vous croirez qu'ils font le leur. Etrange contradiction qui pervertit les ministres de l'Eglise pour donner de mauvais ministres à l'Etat.

(Condillac : Cours d'études, dans « Journal encyclopédique »)

(Elisabeth Badinter : L'Infant de Parme – LdP)

***

Sylvie ne s'attendait pas à trouver la brigade anti-criminalité devant son domicile. Ce 5 novembre, à 11 h, cette femme de 59 ans est arrêtée et placée en garde à vue. Motif : sa participation, le matin même, avec 21 autres militants, à une réquisition de cinq chaises dans une agence de la Société générale de Bordeaux. Un braquage citoyen : cette action répond à un appel à la **désobéissance civile** lancé par plusieurs personnalités pour en finir avec l'évasion fiscale et dégager des financements publics pour des politiques de transition écologique et social. L'objectif est de réquisitionner 196 chaises au sein des banques qui comptent des filiales dans les paradis fiscaux : une chaise pour chaque Etat et groupe d'Etats représentés au sein des négociations sur le climat de la COP 21.

On attend de voir quand la police mettra les mêmes moyens pour lutter contre les banques qui organisent l'évasion fiscale et qui privent les finances publiques de milliards d'euros. On voit qu'il y a deux poids deux mesures selon qu'on réquisitionne des chaises à visage découvert ou qu'on vole des milliards.

(« L'Itinérant » – novembre 2015)

***

En 2013, un représentant du Service général du renseignement et de la sécurité (SGRS) s'est offert un coup d'éclat qui a laissé le gouvernement français sans voix. Devant les ministres réunis au grand complet, il a réussi à allumer à distance le

Smartphone éteint de l'un d'eux. Avant de brancher le micro et la caméra de l'appareil à l'insu de son propriétaire. Bref, n'importe quel ministre pouvait être transformé en espion passif... Triomphe sur toute la ligne !

(« Le Canard enchaîné » – novembre 2015)

***

Le mot *assassin* viendrait du mot *haschichin*, une secte de tueurs de l'Orient médiéval qui fumait du cannabis avant de sévir. Dans les tranchées de 14-18, l'état-major distribuait aux poilus de grandes quantités de gnôle, surnommée le « monte-à-l'assaut ». Pendant la Seconde Guerre mondiale, les soldats allemands étaient dopés au Pervitin, une amphétamine qu'ils appelaient « Panzerchocolade ». Enrôlé dans la Wehrmacht, l'écrivain Heinrich Böll (1917-1985) parlait de « pilules miracles » qui rendaient « froid, sans réaction ». Ce sont d'ailleurs des médecins nazis qui ont inventé la méthadone, un substitut à l'héroïne. Cette dernière fut largement consommée par les GI au Vietnam et par l'Armée rouge en Afghanistan. Aujourd'hui encore, en Afrique, les chefs de guerre en donnent souvent aux enfants-soldats. **Droguer** des soldats pour en faire des robots n'a donc rien de nouveau.

(Cédric Gouverneur, journaliste indépendant)

37

***

Vendredi 19.

Ce matin, à l'épicerie, une commère, montrant son garçon d'une dizaine d'années, se plaignait qu'il fût « un vrai **démon** ». « Plût au ciel, lui dis-je que les démons ressemblassent à cet enfant : une paire de gifles et on en serait débarrassé. » L'épicière est restée le bras en l'air et tout le monde, dans le magasin, m'a regardé d'un air surpris. J'avais dû m'emporter en parlant. Je ne sais pas ce qui m'a pris. Moi qui prend toujours garde à ne pas me faire remarquer...

Je rentre de l'épicerie. Je pose mon filet à provisions sur la table de la cuisine. Accroupi sur la table, un jeune démon avait baissé son froc et me montrait son cul. J'ai voulu l'attraper pour le flanquer dehors, il a sauté sur le buffet. Je suis sorti, lui laissant la place. Il avait sauté sur le buffet de la salle à manger ! Ce jeune démon a un cul de fille et un air malin. J'ai compris pourquoi on dit du diable qu'il est le « Malin ». Il m'a nargué jusqu'au soir. Dès que je levais la tête, j'avais ses fesses sous les yeux.

(Delfeil de Ton, journaliste : Le journal de Delfeil de Ton – éd. Wombat)

***

4 h 16 – Dans la nuit, une colonne de policiers cagoulés, vêtus de noir et lourdement armés, se faufile en silence dans la rue de la République, dans le centre

de Saint-Denis. Cible prioritaire : l'instigateur présumé des **attentats** de Paris du vendredi 13 novembre dernier. Le quartier est bouclé. 110 hommes sont sur le terrain, dont 70 du Raid, l'éclairage a été coupé. L'opération est racontée par Jean-Michel Fauvergue, directeur du Raid. Au 8 de la rue du Corbillon, un petit immeuble délabré et squatté, les unités d'élite déclenchent une charge explosive pour ouvrir la porte blindée d'un appartement du troisième étage. Celle-ci résiste. L'effet de surprise est raté. Immédiatement, les terroristes ouvrent un feu nourri à l'arme automatique. A l'intérieur, au moins trois personnes ont placé un obstacle, une sorte de bouclier posé sur une structure à roulettes. Les échanges de tirs durent de longues minutes.

4 h 45 – Le Raid interpelle trois personnes cachées dans l'immeuble. Les tirs deviennent sporadiques, avec des périodes de feu plus intenses. Les policiers reçoivent des grenades offensives et ripostent.

5 h 30 – Le Raid envoie Diesel, un chien d'assaut. Cette femelle malinois de 7 ans est tuée à la Brenneke, une balle de fusil de chasse réservée au gros gibier.

6 h – La BRI fouille les immeubles des alentours.

7 h 30 – Jacky, un riverain, entend les dialogues entre policiers : « Ça tire, passe-moi des balles ! » et aperçoit un homme en slip, menotté et traîné par le Raid. L'un des six tireurs d'élite postés sur les toits met en joue un terroriste. Il lui demande de lever les mains, mais ce dernier n'obtempère pas, le policier tire. L'homme, touché, riposte à la kalachnikov. Les échanges de tirs continuent. Une femme présente dans

l'appartement envoie également une longue rafale. Un voisin entend l'échange : « Tous les deux, les mains sur la tête ! », la femme répond : « Laissez-moi sortir, Monsieur ! ». Puis tout le quartier est secoué par une énorme explosion. Un kamikaze vient d'actionner son gilet d'explosifs. L'immeuble est ébranlé, les fenêtres volent dans la rue, le plancher de l'appartement cède en partie.

9 h – Les rafales continuent. Les hommes du Raid jettent une vingtaine de grenades. Leur but : assourdir les terroristes pour préparer l'assaut. Des moyens de reconnaissance sont utilisés. Un drone observe la scène à travers les Velux du toit. Un deuxième chien ouvre la voie. Deux robots chenillés munis de caméras tentent d'explorer l'appartement, mais ils sont bloqués par les gravats ou tombent à travers le plancher. A la vidéo apparaît un corps non identifiable, dégringolé du troisième étage.

9 h 15 – Les policiers sont au troisième étage. Ils arrêtent deux hommes sur le palier, cachés sous du linge. Dans l'appartement dévasté par les combats, le silence est revenu. Trois corps sont retrouvés dans les décombres. L'identité de deux d'entre eux sera formellement établie le lendemain. La première phase de l'opération est terminée. Au bilan, plus de 5 000 munitions ont été tirées par les forces de l'ordre. Cinq policiers du Raid ont été légèrement blessés.

9 h 30 – Tandis que la police scientifique est à l'œuvre dans l'immeuble, la rue de la République est bloquée. Il faudra plusieurs heures aux démineurs pour sécuriser les lieux. Les habitants sont cloîtrés

chez eux. Le logeur qui a fourni l'appartement aux terroristes s'exprime à la télévision. Il assure n'être au courant de rien. Il est arrêté en pleine interview.

(« NouvelObs » – novembre 2015)

***

Au début du XVIe siècle, les troupes d'**acteurs**, composées de trois à quatre adultes et d'un ou deux adolescents jouant les rôles féminins, étaient itinérantes et voyageaient avec leurs costumes et accessoires.

Les acteurs-actionnaires géraient collectivement la troupe, décidaient de la programmation et du calendrier. Les autres membres étaient des employés, salariés par la troupe ou par l'un des acteurs-actionnaires. Les adolescents, eux, avaient le statut d'apprenti. Attachés à un maître acteur-actionnaire, ils n'étaient pas rémunérés, mais entretenus et formés sur le modèle de ce qui se faisait dans les corporations de métiers londoniennes.

(Olivier Spina, agrégé d'histoire-géographie : Les spectacles à Londres au temps des Tudor 1515-1603 – thèse)

***

Nous montons dans un autre wagon. Il n'y a personne dans le RER. Il me dit qu'il a pris trois joints. Je n'ai pas fumé depuis longtemps. Je n'aime pas beaucoup ça. « Cool », je lui dis. Je lui demande s'il fume beaucoup. Il me répond : « Un peu trop. » Je le comprends. Ça doit être agréable d'être toujours en apesanteur. Il commence à jouer à Space Invaders sur son portable.

(…) Nous allons nous asseoir. Il allume une **cigarette**. Je ne fume pas d'habitude mais j'ai envie de faire comme lui. J'en allume une à mon tour. C'est encore un peu difficile. Je finirai par aimer ça. La tension est descendue d'un coup. Nous regardons dans le vide, sans savoir quoi dire. Il écrase sa cigarette sur la semelle de sa Converse.

« Je devais venir avec ma copine, mais je l'ai larguée. »

Je ne dis rien. J'écrase ma cigarette. Il sort son portable et prend une photo de nos deux paires de Converse et des mégots écrasés en dessous. Je n'ose pas lui demander ce qu'il fait.

Il dit : « Je crois que je me suis plus amusé aujourd'hui que si j'étais venu avec elle. T'es un mec marrant, un peu bizarre, mais très marrant. »

Je ne sais pas quoi dire. Moi aussi je le trouve drôle et bizarre. Le soleil se montre un peu sur Eurodisney. Il est déjà 17 heures. C'est sinistre. La weed ne fait plus d'effet.

« On se rentre », il me dit. Et moi j'dis : « Ok. Avec plaisir. » Et il me répond : « C'est parti. »

Je suis allongé dans l'herbe, entre un pommier et un buisson. (…) Je suis encore en maillot de bain, je suis encore lisse, encore vierge. Vous n'arriveriez pas à me donner d'âge. Je dois admettre que regarder un jeune garçon allongé dans l'herbe, qui ne fait rien, c'est un peu chiant. Allez donc plus loin, ou plus près. Rapprochez-vous de moi. Gros plan sur mon visage. Close-up sur mes yeux. Vous la voyez cette tension dans mon regard, et cette impatience ? Il faut dire que j'ai, dans le cerveau, dans le corps, peut-être même dans le cœur, une bombe à retardement. Vous commencez à les entendre les tic et les tac, ils vous oppressent. Dans quelques secondes ou dans quelques jours, je vais exploser, et vous regarderez ce qui restera de moi, des débris, se répandre sur l'asphalte, sur le sable ou sur votre plancher. Nous sommes des millions à avoir une bombe à retardement en nous.

Vous l'avez sans doute oublié, mais, comme moi, vous avez un jour pris conscience de votre **ennui**, et à cet instant, il vous est devenu insupportable.

Comme moi, vous avez un jour regardé le ciel, à l'aube du crépuscule, en vous demandant pourquoi les étoiles n'arrivaient pas.

Comme moi, vous avez compris que votre vie allait commencer sans que vous n'y puissiez rien.

Parce que, comme moi, vous avez eu quatorze ans.

(Sacha Sperling : Mes illusions donnent sur la cour – LdP)

***

Un dimanche, se souvenait un **survivant**, tous les Juifs de Lida furent priés de se rendre dans la forêt pour y débusquer tous les lapins dissimulés dans les broussailles et les faire fuir en direction des chasseurs. Plusieurs centaines d'hommes ayant été recrutés à cette fin, une longue colonne de Juifs se mit à marcher (…). Soudain, un groupe de carrioles d'hiver parut, avec à leur bord le commissaire local Hanweg, son état-major, certains hauts responsables et des femmes vêtues de superbes fourrures. Tous étaient ivres et s'allongeaient sur leurs sièges : ils s'étreignaient et criaient et leurs éclats de rire se propageaient en écho dans le lointain. Les carrioles galopaient entre les rangées de marcheurs et tous criaient de plus en plus fort. Les Allemands déchaînés riaient et se moquaient des Juifs, cravachant ceux qui se trouvaient à leur portée. L'un des officiers ivres pointa sur eux son fusil de chasse et, au grand plaisir de son état-major, commença à leur tirer dessus. Certaines balles atteignaient des marcheurs qui s'effondraient dans des mares de sang.

Comme les familles Willhaus et Petri, Gertrude Segel et Felix Landau avaient un balcon dans leur villa. D'après le récit d'un témoin juif, le 14 juin 1942, un dimanche après-midi, tous deux jouaient aux cartes sur leur balcon. La radio était allumée et le soleil brillait. Ils étaient bien allongés dans leurs chaises tapissées. Gertrude portait une tenue de bain ; Felix était vêtu d'un costume blanc. Un petit groupe d'hommes et de femmes juifs travaillait dans le jardin au pied de la maison, où ils s'occupaient de répandre de la terre. Soudain, Felix se mit debout et s'empara d'une longue **carabine** Flobert. Il commença par tirer sur des pigeons. Puis, Gertrude et Felix se mirent tour à tour à pointer les jardiniers. Un de ceux-ci, un certain Fliegner, fut abattu. Le couple riait en quittant le balcon et rentrant à l'intérieur de la maison.

En ce temps-là, quand je participais aux **exécutions**, j'avais à peine 25 ans, j'étais encore jeune et inexpérimentée. Je vivais sous la seule autorité de mon mari qui appartenait à la SS et dirigeait des exécutions de Juifs. J'avais rarement des contacts avec d'autres femmes, si bien qu'à la longue je me suis endurcie et désensibilisée. Je ne voulais pas rester derrière les SS. Je voulais leur montrer que je pouvais, en tant que femme, agir comme un homme. Et donc j'ai tué 4 Juifs et 6 enfants juifs. Je voulais prouver ma valeur aux hommes. De plus, à l'époque, dans cette région, tout le monde avait entendu dire qu'on exécutait des adultes et des enfants juifs, ce qui m'a aussi incitée à en tuer.

La spécialité de Johanna Altvater, secrétaire en Ukraine – ou, comme le dira un survivant « son effroyable habitude » –, était de tuer des enfants. Un observateur remarqua qu'elle attirait des enfants avec des sucreries. Quand ils venaient à elle et ouvraient la bouche, elle leur tirait dedans avec un petit **pistolet** en argent qu'elle portait au côté.

Durant l'été 1943, à Grzenda, en Ukraine, où elle s'était installée avec son fils de trois ans, Erna Petri a abattu avec un pistolet six enfants juifs âgés de 6 à 12

45

ans qui s'étaient échappés lors d'un transit entre deux camps d'**extermination** dans son domaine agricole. Elle racontera plus tard qu'elle voulait faire ses preuves devant les autres hommes. Mais, juste après le meurtre, son mari, embarrassé, lui a demandé de ne pas ébruiter ce geste. C'était pourtant un officier SS.

(Wendy Lower, historienne : Les furies de Hitler – Tallandier – 2014)

***

Au camp de Ravensbrück, Herta Oberheuser avait travaillé avec le docteur Karl Gebhardt qui expérimentait les sulfamides, nouvellement inventés, sur des détenues polonaises – surnommées « les lapins » – auparavant mutilées. Gebhardt fut condamné à mort. Herta Oberheuser, qui avait aussi procédé à des injections létales sur des enfants, fut condamnée à vingt ans de prison pour crimes de guerre et **crimes contre l'humanité**. Libérée pour bonne conduite (!) en 1952 (!), elle devient médecin à Stocksee mais perd son poste en 1956 après qu'une survivante du camp de Ravensbrück l'ait reconnue. Son permis de pratiquer la médecine est révoqué en 1958. Dans son film « The memory of justice », Marcel Ophuls montre des extraits de son procès et la traque, vaine, pour l'interroger. Elle meurt en 1978.

(Annette Wieviorka, historienne : A propos des femmes dans les procès du nazisme – Clio – 2014)

***

Au sujet de l'**avenir** du monde, nous avons pris l'habitude de retrouver périodiquement face à face deux catégories d'hommes et de femmes : les dirigeants de la planète, d'un côté, les militants de l'altermondialisme, de l'autre. Le contraste entre ces deux types d'êtres humains est devenu si criant qu'il en devient emblématique. D'un côté, il y a les importants et les gens « sérieux », avec leurs limousines, leurs attachés-cases et leurs gardes du corps. Ils assurent incarner la raison, la sagesse et le réalisme. Ils se présentent volontiers comme les adultes ayant en charge le destin du monde. Ils se veulent responsables. Leurs discours parlent de gouvernance et de consensus mondial, etc. En face d'eux, ce sont, dans les rues ou les campagnes, des manifestants ébouriffés et hétéroclites, les « enfants » tapageurs du mouvement associatif, les militants bigarrés venus poser de drôles de questions auxquelles précisément les délégués « sérieux » des pays riches ne savent pas répondre. Celles-ci, par exemple : un autre monde est-il imaginable ou faut-il considérer comme inéluctable celui qu'on nous prépare ? devrons-nous donc accepter que des sociétés aussi riches et imprévoyantes que les nôtres deviennent, en même temps, plus dures, plus égoïstes, plus impitoyables à l'égard des faibles ? aurions-nous traversé trois siècles de progrès scientifique et économique pour aboutir à cela : des inégalités qui s'aggravent et une obsession de la « compétitivité » qui fait de nous des êtres anxieux, vivant à côté de la vie ?

Devant des questions aussi simples, les gens « sérieux » ont tendance à hausser les épaules. A leurs yeux, ces soucis ne sont que des enfantillages ou, pire encore, des utopies. A tous ces rêveurs, ils reprochent poliment de ne pas avoir de solution toute prête. Eh pardi ! Quel monde voulez-vous mettre à la place de celui des multinationales, des frénésies boursières et de la marchandisation ? Ils sont persuadés savoir, eux, ce qui est possible et ce qui ne l'est pas. Ils vont répétant partout : « There is no alternative » à la globalisation libérale, à la privatisation des économies, à la montée des injustices.

Les nouveaux maîtres du monde n'expriment pas autre chose lorsqu'ils toisent les manifestants « enfantins » qui s'égosillent à répéter dans les rues qu'un autre monde est forcément possible ; que la grandeur du citoyen consiste justement à ne pas capituler devant les prétendues facilités destructrices de la Terre. Sauf si l'on accepte que la splendeur du monde cesse d'exister et que nos sociétés dociles soient définitivement prises en main par des logiques cinglées.

A ce dialogue de sourds, le décor de ces confrontations périodiques ajoute un je-ne-sais-quoi de cinématographique. D'un côté – celui des gens « sérieux » –, on trouve des hôtels de luxe, des hélicoptères, des voitures noires et des tireurs d'élite aux aguets. Dans le camp des manifestants, il y a surtout une joyeuse pagaille, des jeunes gens en jeans,

48

des guitares, des sacs à dos, et – en effet – quelques voyous qui, trop souvent, finissent par gâcher la fête. Mais il y a aussi, qu'on me pardonne, une joie qui danse, une envie de chaleur solidaire, une ironie décapante et des airs de salsa qui traînent entre les groupes.

Sans verser dans un lyrisme intempestif ou une candeur gnangnan, on ne peut s'empêcher d'être habité par un doute. Ce qu'on se demande alors, c'est la chose suivante : lesquels, à long terme, au regard de l'Histoire, apparaîtront comme les mieux inspirés ? Il arrive souvent, ne l'oublions pas, que les questions posées par les enfants soient de très loin les plus embarrassantes. Quand on essaie de réfléchir à ce qui menace le monde, on en arrive d'ailleurs très vite à cette question : qui sont finalement les plus « enfants » ?

(Jean-Claude Guillebaud, journaliste et essayiste – 2015)

***

La vie est trop maligne pour avoir inventé un truc aussi stupide que la **mort**. Pas possible que d'un seul coup tout s'arrête, ça ne tient pas la route. Je ne crois pas à la mort, je pense que chaque vie est le brouillon de la prochaine. La mort est si absurde qu'on n'a pas pu inventer un truc aussi con. Impossible qu'on se fasse tant chier pour qu'il n'y ait plus rien après. La mort, c'est comme faire le ménage chez soi, tu jettes la merde et tu conserves le meilleur pour après.

J'ai compris que la **caméra** était l'acteur principal de tous les films, qu'elle est de tous les plans de tous les films de l'histoire du cinéma. Le premier acteur que j'ai à diriger, c'est la caméra.

(François Truffaut, réalisateur)

***

Pour se procurer l'**Iphone 6**, il faut débourser 709 euros. Pourtant, il coûte 176,50 euros à fabriquer et à assembler ! Le site américain Teardown l'a démonté pour évaluer le prix de chaque composant et de leur assemblage. Les parties les plus onéreuses sont l'écran (32 euros) et le processeur (29 euros).

Selon les calculs du collectif Ethique sur l'étiquette, sur une paire de baskets **Nike** à 72,50 euros, les matières premières reviennent à 10 euros et le coût de fabrication à 6,34 euros (dont 2,30 euros de main-d'œuvre) ! Le reste est partagé entre Nike (15,40 euros dont 2,30 euros de marge nette) et le revendeur (36 euros dont 1,80 de bénéfice). Ainsi, les bénéfices additionnés de Nike et du vendeur dépassent le coût de la main-d'œuvre.

Les montures de **lunettes** sont vendues à des prix (135 euros en moyenne) sans aucun rapport avec leur coût de fabrication (de 5 à 30 euros) !

(« 60 Millions de consommateurs » – septembre 2015)

***

La fermeture du **pénitencier** de Saint-Hubert, dans les Ardennes belges (1954-1956).

Le procès en appel devant la Cour d'appel de Liège, en Belgique, eut lieu en avril-mai 1955. Il fut très peu médiatisé suite aux pressions exercées sur la presse. Le ministre de l'Education manifesta son exaspération, demandant qu'on cesse de l'importuner avec cette affaire ! C'était un procès dont personne ne voulait, la loi du silence avait été décrétée par les autorités.

Le parquet demanda finalement le renvoi de 28 prévenus sur 58 membres du personnel, pour un total de 123 délits commis sur 150 victimes. La Chambre du conseil ne retint que les cas les plus graves en renvoyant quatorze éducateurs devant le tribunal correctionnel, les quatorze autres bénéficiant d'un non-lieu. Le 27 avril commence l'interrogatoire des prévenus. L'un après l'autre, ils reconnaissent les charges portées contre eux. Ils avouent avoir frappé les élèves, en avoir blessé : bras cassés, lèvres fendues, yeux pochés, zébrures sanglantes sur le dos… Lorsque le président leur demande pourquoi avoir attendu tout ce temps avant d'avouer, l'un d'eux répond : « Parce que le mot d'ordre était de se taire. »

C'est la pratique des « caïds » qui a le plus choqué : les éducateurs utilisent des élèves comme hommes de main, moyennant récompense, pour donner les coups à leur place. Certains témoignages sont significatifs des méthodes « éducatives » utilisées : « Comme j'étais incontinent, T. m'a mis la tête dans mes excréments et m'a fait marcher dans la cour avec mon drap sur la tête. Je devais courir et un élève me suivait avec un bâton et me donnait des coups à chaque fois qu'il me rattrapait. C'est alors qu'un autre élève est intervenu et a cassé le bâton. T. nie mais reconnaît l'avoir fait marcher dans la cour « pour l'humilier devant ses camarades ».

(…) La commission administrative des prisons de Saint-Hubert, chargée de la surveillance du pénitencier, comprenait des notables de l'endroit parmi lesquels figuraient un médecin, un sénateur, un notaire, un juge de paix qui estimaient dans leur rapport que le régime de la maison était « trop doux », qu'il fallait soutenir l'autorité des éducateurs et qu'il était imprudent de les laisser sans armes, au moins une matraque, car ces enfants étaient des tarés, des repris de justice, il fallait user de la force contre eux, rétablir les cellules, car « les douceurs et les faveurs excessives sont incapables de faire de ces enfants des hommes ». Le témoignage de l'aumônier de Saint-Hubert va dans un tout autre sens : « Les enfants n'osaient pas se plaindre car ils étaient menacés de représailles s'ils parlaient lorsqu'ils recevaient une visite. Un enfant, l'œil poché, avait raconté à sa mère les sévices endurés. Celle-ci voulut se plaindre auprès du directeur, mais son fils l'en dissuada par peur des représailles. Elle lui conseilla alors de s'enfuir et lui fournit de l'argent. Le gamin fut repris et dit que l'argent venait de sa mère. Celle-ci fut condamnée par le tribunal correctionnel pour avoir tenté de soustraire son fils à la justice.

(…) A Saint-Hubert, c'étaient les plus jeunes, âgés de 8 à 10 ans, qui étaient les plus malheureux.

(…) Au début des années 50, le sous-directeur de Saint-Hubert estime que 20 % seulement des élèves sont des « coupables » et 80 % des « innocents », fils de prostituées ou de parents déchus. Selon lui, 80 % de la population de l'établissement est « récupérable » et « éducable ».

(« Les « bagnes d'enfants » en question » - RHEI)

***

Haïku.

Un gros crabe pince
L'aventureux index mince
D'un tout petit prince.

Mes yeux mi-clos
Volent vite le tableau
De son corps si beau.

***

Je pense qu'on a besoin de 50 ans pour estimer que les **guerres** qui ont été faites n'auraient pas dû être faites. Combien de morts faudra-t-il pour que nous puissions arriver à nous réconcilier avec des gens avec lesquels il faudra se réconcilier ?... Ou alors on part pour une guerre de Cent ans.

(Michel Onfray)

***

La **violence** habite la communauté des hommes depuis le commencement du monde. Elle rôde dans nos sociétés depuis toujours, proliférante, multiforme, sans cesse à conjurer, à endiguer, à contenir. Et sans cesse resurgissant, y compris sous des formes nouvelles et barbares.

Guerres militaires ou déchaînements terroristes, agressions physiques ou tyrannies des Etats... On n'en a jamais fini avec elle. Même en temps de paix, elle demeure présente. En définitive, toutes les sociétés humaines, toutes les cultures s'emploient au même effort, inlassablement recommencé : apprivoiser la violence qui les habite, ou tout au moins en codifier l'usage.

Il y a ainsi quelque chose de pathétique à voir les sociétés perpétuellement aux prises avec une fatalité humaine, trop humaine, qui semble se dérober sans cesse à leurs efforts. Ni la politique ni l'explication strictement rationnelle ne suffisent à élucider cette persistance insaisissable de la violence.

Dès qu'on y regarde de plus près, la violence n'est pas vraiment extérieure aux hommes comme pourrait l'être un phénomène social ou politique. Elle vient du dedans et retourne sans cesse s'y dissimuler. Elle habite potentiellement à l'intérieur de chacun de nous. Simone Weil écrivait :

« Il faut avoir le courage de regarder en face les monstres qui sont en nous. »

(Jean-Claude Guillebaud – décembre 2015)

***

Charlie Spencer Chaplin.

Né le 16 avril 1889 dans un des faubourgs des plus pauvres de Londres, son enfance dickensienne l'a blindé précocement. Il monte pour la première fois sur scène à 5 ans : il remplace au pied levé sa mère dont la voix s'est brisée au milieu d'une chanson. L'enfant de la balle voit son père sombrer dans l'alcool, sa mère, perdre la raison. Dans les orphelinats victoriens, il serre les dents, mais jamais il ne désespère. Même errant dans les rues en quête de nourriture, l'adolescent maigrichon était convaincu d'être le plus grand acteur du monde. En 1908, à l'âge de 19 ans, il intègre la troupe de Fred Karno, un organisateur de spectacles comiques.

Son génie est d'avoir pioché dans sa propre vie. Enfant délaissé, fils d'une mère folle, gamin des rues dans un Londres misérable, il a survécu d'expédients et s'est inventé lui-même. Clown, jongleur, duettiste, danseur, il a tout fait dans les bas-fonds du show-business. Puis, à son arrivée en Amérique, le personnage du vagabond lui est apparu dans un éclair : « Je n'avais aucune idée de ce que je devais choisir. En allant me costumer, je me suis dit que je devrais mettre des pantalons trop larges, des grandes chaussures, une canne et un melon. Je voulais que tout soit contradictoire : le pantalon tombant, la redingote serrée, le chapeau trop petit, les chaussures démesurées. A la seconde où je fus habillé, le costume et le maquillage me firent sentir qui j'étais instantanément. Quand j'entrai sur le plateau, le personnage était entièrement là. » C'était le 7 février 1914.

(docu « La Naissance de Charlot » de Serge Bromberg, réalisateur, et Eric Lange, animateur radio – Arte – 29 décembre 2013)

***

Le monde appartient à ceux dont les ouvriers se lèvent tôt.

***

Quéquette en décembre, layette en septembre.

Qui pisse contre le vent se rince les dents.

Horizon pas net, reste à la buvette.

***

DSERODRE.

Sleon une édtue de l'Uvinestisé de Cmabrigde, l'odrre des ltteers dans un mto n'a pas d'ipmrotncae. La suele coshe ipmrotnate est que le pmeirère et la drenèire soient à la bnnoe pclae. Le rsete peut êrte dans un dsérorde ttoal et vuos puoevz tujoruos lrie snas porlblème. C'est prace que le creaveu hmauin ne lit pas chuaqe ltetre elle-mmêe, mias le mot cmome un tuot.

***

Faudra-t-il un jour élever une statue à la gloire de l'**électeur** inconnu ? L'électeur inconnu habite dans le Nord-Pas-de-Calais-Picardie ou en Provence-Alpes-Côtes d'Azur, et il est de gauche.

A la présidentielle de 2002, l'électeur inconnu a comme un seul homme voté Chirac pour faire barrage à Le Pen. Chirac ayant dirigé le pays à droite toute, l'électeur inconnu a eu cinq ans pour comprendre sa douleur. Il a juré qu'on ne l'y reprendrait plus.

Et voilà qu'aujourd'hui on lui demande de voter Christian E. pour faire barrage à Marion M. L. P. ! Ou Xavier B. pour faire barrage à Marine L. P. ! L'électeur inconnu n'en peut plus. N'en dort plus. Il tape sur son traversin. Il s'arrache les cheveux. Il a le sens du devoir, certes. Il connaît l'Histoire. Mais, on a beau lui dire qu'entre un Républicain et un Facho il y a quand même une différence et qu'il faut donc choisir le Républicain, on a beau égrener tous les arguments, celui du moindre mal, celui du chaos et de la haine qui guettent, il a du mal. Quand même, E. ! Et Xavier B. !

Faire barrage, l'électeur inconnu veut bien, mais ça fatigue, à force. Il se demande s'il en aura le courage. Il envisage le pire : un de ces quatre, dans une France intégralement lepénisée, on va lui dire de voter Marine L. P. pour faire barrage à Marion M. L. P. !

Ce jour-là, il l'aura méritée, sa statue…

(« Le Canard enchaîné » – 09 décembre 2015)

***

Agathe Gaillard (galeriste parisienne en photographie) raconte, en 1985, qu'elle est allée voir, au musée Carnavalet, l'original de la fameuse photo d'**Arthur Rimbaud** par Carjat, qu'elle a sorti sa loupe pour observer la « beauté effrontée, aveuglante, simple à la fois, de cet âge idéal », et qu'elle rêverait de mettre ce portrait à son chevet, « comme un symbole de ce que je veux que ma vie reste ».

(Hervé Guibert – « L'Autre journal »)

* * *

Le FN est un pur produit du système de la Ve République, qui permet à un parti minoritaire de gouverner sans entraves, quitte à laisser périodiquement la place au parti concurrent. Le Front a du occuper la place que le système dit « majoritaire » et la professionnalisation de la politique dessinent en creux : celle de l'exclu du système. La règle du jeu, conçue pour permettre à la classe politique de gouverner tranquillement, n'a pas seulement produit l'effet électoral inverse de celui recherché. Elle a aussi tué la vie politique démocratique et les énergies militantes susceptibles de résister. (…) Seule une vie politique où le tirage au sort aurait sa part et où les gouvernants seraient là pour un temps limité interdirait des situations comme celle que nous connaissons.

Le succès du FN est un effet de la destruction effective de la vie démocratique par la logique consensuelle. On voudrait identifier le FN aux bandes paramilitaires d'hier recrutées dans les bas-fonds pour mettre à bas le système parlementaire, au nom d'un idéal de révolution nationale. Mais c'est un parti parlementaire qui doit son succès au contre-effet du système électoral en vigueur et à la gestion médiatique de l'opinion par la méthode du sondage et du commentaire permanents. Je ne vois pas ce qu'il gagnerait dans des aventures antiparlementaires et paramilitaires imitées des mouvements fascistes des années 1930. Ses concurrents électoraux espèrent tirer profit de cette assimilation. Mais ceux qui veulent « constitutionnaliser » l'état d'urgence sont-ils les protecteurs de la démocratie menacée ?

(Jacques Rancière, philosophe – 2015)

* * *

Ganymède.

La passion de Zeus pour la beauté ne se limitait pas aux jeunes filles ; il fut pareillement séduit par un jeune garçon, Ganymède, et décida de l'enlever lui aussi. Il prit, cette fois, l'apparence d'un aigle, emporta l'adolescent dans ses serres et le conduisit sur l'Olympe, où il fut chargé de verser chaque jour aux dieux le nectar et l'ambroisie qui leur confèrent l'immortalité.

(Gilles van Heems, historien et linguiste : Dieux et héros de la mythologie grecque – Librio)

Jeune homme d'une extraordinaire beauté, il fut remarqué par Zeus, lequel ne s'intéressait pas qu'aux femmes. Zeus se changea en aigle et c'est sous cette forme qu'il enleva Ganymède. Après avoir assouvi ses désirs, il lui donna l'immortalité et la jeunesse éternelle, et fit de lui l'échanson des dieux sur l'Olympe. En compensation, il donna à Tros, son père, deux chevaux divins, ainsi qu'un plant de vigne en or, œuvre d'Héphaïstos.

Ganymède devint ensuite la constellation du Verseau, tout près, dans le ciel, de celle de l'Aigle.

(Guus Houtzager, écrivain et essayiste : L'univers de la mythologie grecque – Gründ)

Selon l'Iliade, il est réputé le plus beau des mortels, prince troyen, fils de Tros. Alors que le jeune prince fait paître le troupeau familial sur le mont Ida de Troade, Zeus l'aperçoit et se transforme en aigle afin de l'enlever et d'en faire son amant. A la suite de cela, il devient l'échanson des dieux. En compensation de la perte de son fils, Tros reçoit de Zeus quatre chevaux qu'il tenait de Poséidon.

Héra est non seulement jalouse de ce nouvel amant, mais aussi de sa fonction d'échanson que Zeus avait enlevée à sa fille Hébé. Elle tente de forcer son mari à renvoyer Ganymède chez les mortels mais au lieu de cela, Zeus l'élève alors au ciel sous la forme de la constellation du Verseau.

Au livre I des « Livres des Lois », Platon attribue aux Crétois l'invention du mythe des rapports de Ganymède et Zeus, justifiant par là que leurs pratiques étaient en accord avec celles des dieux.

Au chapitre VIII de son « Banquet », Xénophon fait dire à Socrate que Zeus n'a pas enlevé Ganymède par amour pour son corps – amour physique – mais par amour pour son âme et sa sagesse – amour spirituel.

Ganymède est aussi une lune de Jupiter.

***

Je ne sais sous quelle figure me voit le monde. Quant à moi, il me semble que je n'ai été qu'un petit garçon jouant sur la plage, découvrant ici ou là un galet plus lisse ou un coquillage plus joli que les autres, tandis que devant moi s'étendait, inviolé, le grand océan de la **vérité**.

(Isaac Newton)

***

Ne soyons pas **sages** ! La démesure, la fantaisie, la légèreté sont des politesses que nous devons aux gens graves et empruntés.

L'important est de bouger, d'aimer, non pas d'être aimé : les ennemis sont parfois le sel de la vie. Vraiment il est nécessaire d'aimer les gens, d'être attentif aux mystères, à l'inattendu. Il faut vouloir comprendre et non pas convaincre et conclure. Et non plus respecter bêtement. Attention à ceux qui brocardent dans leur libelles et se couchent dans la vie. Ce sont des sages dangereux. La seule raison d'**exister**, c'est de vivre à en mourir.

(Jorge Luis Borges)

***

Certains **succès** tardifs ressemblent à des ouvertures d'opéra. Dès les premières mesures, on dit tout. On a trop longtemps attendu pour ne s'être pas préparé. On a trop espéré en vain pour ne pas savoir la rareté et la fugacité de la chance : quand l'occasion se présente enfin de montrer sa capacité, on se livre en entier.

Les grands desseins d'une vie, le plus souvent des **revanches**, se forgent dans l'enfance.

Certains voyages, comme certaines amours, arrivent trop tard. L'imagination a comblé le vide laissé par la trop longue absence. Et la réalité peine à exister : les rêves tiennent toute la place.

Ceux qui ne connaissent rien à l'univers du **pouvoir** croient que l'intérêt y règne en maître unique. On ne se battrait que pour des postes. On tuerait père et mère pour des avancements. On ne rêverait que domination, gloire personnelle, enrichissement. Ces satisfactions atteintes, on en jouirait seul et infiniment, dans le silence de son bureau : l'onanisme de l'ambitieux.

Ceux qui ne connaissent rien à l'univers du pouvoir ignorent les capacités infinies de dévouement qui se manifestent dans ces sommets. Ils n'imaginent pas non plus la force et la diversité des *sentiments* qui bouleversent les plus endurcis des monstres froids. On y aime et on y hait bien plus qu'on y calcule et manigance. Pour un mot du Prince, un peu dur, pour un petit compliment, pour une froideur soudaine ou quelque infime marque d'estime, des cœurs battent la chamade, on pique des fards, on devient blanc, des suées viennent aux tempes et des moiteurs aux paumes. Derrière leurs façades austères, les palais résonnent de passions douloureuses. Les puissants en leurs conseils ont l'âme tourmentée des jeunes filles au dortoir. Comme dans tous les bureaux, des idylles naissent entre collègues. Mais les seules flammes véritables brûlent pour le chef, surtout s'il dirige le pays. A ce sortilège, tous succombent, j'en témoigne, même les plus laïcs, les plus républicains.

(Erik Orsenna : Portrait d'un homme heureux – André Le Nôtre 1613-1700 – Fayard)

***

Pour un Athénien, la **bisexualité** – au sens d'un comportement impliquant des rapports aussi bien avec les femmes qu'avec les hommes – était la règle. Ce qui ne veut pas dire, et il faut être clair sur ce point, que l'homme grec était sexuellement libre : le choix du sexe du partenaire était déterminé par des règles sociales très précises, liées à l'âge et au statut des personnes ; il était interdit, par exemple, d'avoir le moindre rapport avec les esclaves. Et les infractions étaient frappées de sanctions qui, si elles n'étaient pas juridiques, n'en étaient pas moins sévères et lourdes pour celui qui les subissait.

(...) A Rome, le Romain estimait être en droit d'imposer sa volonté à tous, y compris dans le domaine sexuel. Sa virilité était une espèce « de viol » : s'il voulait être un homme, il devait soumettre à ses désirs quiconque les avait attisés, ou quiconque se trouvait à sa disposition au moment où de tels désirs se manifestaient ! Dans ce contexte, non seulement le sexe de la personne soumise n'avait pas d'importance, mais bien plus, le fait de soumettre un homme était un quelque sorte une épreuve de virilité accrue. La seule limite imposée à l'homme romain, dans ce domaine, était le respect des jeunes concitoyens. Il n'était pas question de pédérastie à Rome. Le jeune Romain, destiné à devenir maître du monde, ne pouvait jamais être soumis, pas même au cours de l'enfance. D'où une série de règles pour le protéger d'assauts éventuels. Lorsqu'il était petit et qu'il jouait dans la rue, une *bulla* en or qu'il portait au cou l'empêchait d'être confondu avec un petit esclave – encourant les conséquences que l'on peut prévoir... ! Au cours de la période républicaine, une loi, la *lex Scatinia*, punissait d'une amende celui qui séduisait un adolescent (*puer*).

Pour garantir la satisfaction du moindre désir de l'homme adulte, il y avait donc les **esclaves**, pour lesquels la soumission au maître était un devoir ! Ce n'est pas par hasard si, dans les comédies de Plaute, les esclaves faisaient ironiquement référence au fait que, afin de rendre au maître les services que celui-ci attendait d'eux, il leur faudrait se mettre à quatre pattes ! De façon plus romantique, l'irréprochable Cicéron évoquait les baisers volés, la nuit venue, à son jeune secrétaire Tiron, affirmant tranquillement n'avoir aucune raison de dissimuler ses amours (« Tusculanae disputationes », IV, 33).

Le rapport au maître ou à l'ancien maître n'était pas toujours ressenti comme une nécessité ou comme un devoir. Pour les esclaves en particulier, avoir une relation avec le maître pouvait être un objectif convoité. Pour le maître, à l'évidence, tous les esclaves ne se valaient pas. Certains étaient préférés à d'autres, et parmi les préférés, il y en avait un, le plus chanceux, qui finissait par tenir un rôle spécifique : il s'agissait de celui que l'on appelait le *concubinus*, le jeune esclave qui dormait généralement avec le maître, avec tous les avantages qui en découlent, mais uniquement jusqu'à ce que le maître se marie. Dès lors, même si le rapport se poursuivait, il devenait clandestin. La femme ne savait pas, ou feignait d'ignorer. C'est la raison pour laquelle le *concubinus* craignait le moment où le maître allait se marier. A ce sujet, la description par Catulle du mariage de Manlius Torquatus est restée célèbre : la femme arrive, recouverte du *flammeum*, le voile nuptial traditionnel rouge orangé, et un jeune garçon – le *concubin*, précisément – accomplit un geste rituel en distribuant aux invités des noix, symbole de fécondité. Mais le *concubinus* agit de mauvais gré : par ce geste, il célèbre la fin de sa relation avec le maître. Catulle l'encourage, sans épargner le futur mari par des allusions et des reparties qui aujourd'hui, dans le cadre d'une cérémonie de mariage, nous paraîtraient sans aucun doute fort lourdes, mais qui à l'époque faisaient partie des plaisanteries admises, pour ne pas dire rituelles : « On entend dire ça et là, époux très cher, que renoncer aux jeunes garçons imberbes te pèse beaucoup. Mais il le faut... Nous savons bien que tu ne connais que les plaisirs autorisés. Mais pour un mari de tels plaisirs ne le sont plus... » Théoriquement, avec le mariage, le mari devait renoncer aux jeunes gens. Que cela se soit vraiment passé ainsi dans la réalité, c'est autre chose...

(...) Lucrèce, dans un passage de son « De rerum natura », décrit comment le désir naît puis se satisfait. Le **plaisir**, écrit-il, consiste à transférer sa propre semence dans le corps d'une autre personne dont les charmes ont provoqué l'accumulation de la semence elle-même. Et une telle accumulation se produit de manière tout à fait indépendante du sexe de celui qui désire et de celui qui est désiré : « Ainsi en est-il de celui que les traits de Vénus ont blessé, soit que les lui lance un jeune garçon aux membres féminins, ou bien une femme dont tout le corps darde l'amour ; il court à qui l'a frappé, impatient de posséder et de laisser dans le corps convoité la liqueur jaillie du sien... » (« De rerum natura », IV, 1052-1056). Passant de la théorie à la pratique, Horace confirme à son tour :

lorsqu'il s'agit de satisfaire un désir, inutile de se créer des complications. Si à la maison se trouve un jeune esclave, s'il y a un petit esclave disponible, pourquoi chercher ailleurs ? Si d'autres veulent se compliquer la vie, libre à eux. « Ce que j'aime, dit le poète, c'est un amour facile, à ma portée. » (« Satires I, 2 », v. 116-119) Que l'amour « facile » fût offert par une femme ou bien par un garçon, quelle différence ?

Ainsi, de l'indifférence pour le sexe de l'objet du désir, il en est arrivé, petit à petit, à l'indifférence pour le sexe de l'objet d'amour : « Pettius, je n'ai plus de plaisir à écrire comme précédemment de petits vers : l'amour m'a fait une profonde blessure, l'amour m'embrase, sans répit, plus que tous les autres hommes, pour les tout jeunes garçons ou pour les jeunes filles. » (« Epodes », XI, v. 1-4) Voilà ce qu'écrit Horace, proie facile, comme il le dit lui-même, de « mille folies de jeunes filles et de mille folies de jeunes garçons » (*mille puellarum, mille puerorum furores*) (« Satires », II, 3, 325) Parmi ces derniers, Ligurinus et Lyciscus. Ligurinus le repousse, ignore la cour qu'il lui fait. Conformément à un modèle cher à la lyrique grecque et à la poésie alexandrine, Horace se venge en lui rappelant que sa beauté disparaîtra en même temps que sa jeunesse, et que lorsqu'il sera trop tard, il regrettera le temps perdu. (« Odes », IV, 10) Quant à Lyciscus, Horace est carrément ensorcelé par ses charmes : « Aujourd'hui, j'aime Lyciscus, qui peut se vanter de l'emporter en gentillesse sur n'importe quelle petite femme. Ni les libres avis de mes amis, ni leurs reproches sanglants ne sauraient me guérir de cet amour ; ce qu'il y faudrait, c'est une autre passion, ou pour une jolie jeune fille ou pour un jeune garçon bien fait, habile à nouer en arrière ses longs cheveux. » (« Epodes », 11, v. 23-28) Pour Horace, le sexe de l'objet d'amour n'a absolument aucune importance, comme ce fut le cas pour des millions d'hommes ayant vécu à Rome ou dans le monde romain pendant de nombreux siècles.

Jusqu'au moment où les choses changèrent... Au moment, bien sûr, où le christianisme commença à s'imposer...

(Eva Cantarella, juriste : L'hermaphrodite et la bisexualité à l'épreuve du droit dans l'Antiquité – Diogène – PUF)

**

... au siècle où la chambre à coucher des enfants clignote comme un vaisseau spatial.

(Anne Crignon, journaliste – 2015)

**

Syrie. 2015.

Ahmad al-Musalmani, 14 ans. Originaire de Namr, dans la province de Deraa (Sud), sa famille l'avait envoyé au Liban après que son frère aîné a été tué lors d'une manifestation au début du soulèvement, au printemps 2011. Le 2 août 2012, Ahmad est de retour en Syrie pour assister à l'enterrement de sa mère. Le minibus dans lequel il voyage est arrêté entre Damas, la capitale, et Deraa, à un barrage tenu par les services de renseignement de l'armée de l'air. Ahmad et les cinq autres passagers sont fouillés et leur téléphone mobile inspecté. Sur celui d'Ahmad figure une chanson anti-Al-Assad. L'adolescent est arrêté.

Son oncle, un ancien juge, le cherchera durant près de trois ans. Ses demandes auprès d'officiels et de branches du gouvernement syrien, dont celle du renseignement militaire, n'aboutiront pas. Il donnera plus de 22 000 dollars – environ 20 000 euros – à des intermédiaires véreux. Désormais exilé, il découvrira finalement la photo du corps de son neveu parmi les 53 275 clichés de César (pseudonyme donné au photographe de la police militaire syrienne qui s'est enfui de Syrie en juillet 2013, emportant avec lui les preuves de la machine de mort qu'est le système du régime de B. al-A.). Ahmad figurait dans le classeur des victimes décédées en août 2012, le mois de son arrestation. Ses bras et son visage sont constellés de marques de coups.

(« Libération » – 16 décembre 2015)

***

... la rude épreuve des mutations physiques de l'adolescence à la fois craintes et suspectes parce que liées à l'émergence de la sexualité.

(Jean-Pierre Bardet, historien : Lorsque l'enfant grandit : entre dépendance et autonomie)

***

Recette du **Bloody Mary**.

Deux traits de jus de citron, deux traits de sauce Worcester Lea and Perrins, quelques gouttes de Tabasco, 5 cl de vodka, sel, poivre et jus de tomate.

***

Quand j'ai eu ces histoires d'arythmie cardiaque sévère, quand j'ai pris la décision de me faire opérer pour que la vie redevienne un peu plus gaie, il y a une pente qui s'est considérablement accélérée, c'est celle de la **solitude**. C'est à ce moment-là que j'ai décidé d'alourdir ma punition en allant faire de la radio à 4 heures du matin. Une vraie punition ! Mais je savais que ça me redonnerait de la force parce que j'allais vivre à contre-courant de tout le monde. De mes copains, de ma génération. Puisque j'avais créé de par la maladie et de par mon boulot les conditions d'une certaine forme de solitude, il fallait que je fasse quelque chose.

(Guillaume Durand, journaliste)

***

Aujourd'hui, l'emprise de l'audiovisuel sur les peuples est telle que les puissants de notre monde n'ont plus besoin de rétablir la censure dans les pays libres. Il leur suffit de cacher les informations utiles derrière un flot de futilités, de polémiques sur des sujets insignifiants. Et, s'ils ont besoin de mobiliser les masses, ils s'appuient sur les **émotions** collectives, comme le 11 septembre 2001, qui incita une écrasante majorité de Français à respecter la « minute de silence » en « solidarité » avec les victimes des attentats du World Trade Center, sans la moindre pensée envers les millions de victimes de l'armée américaine à travers le monde... Il n'y eut pas de réaction massive aux frappes américaines en Afghanistan fin 2001, et il fallut attendre deux ans pour voir des manifestations massives contre la guerre en Irak, qui n'empêchèrent pas celle-ci de se dérouler...

(Christian David, psychanalyste – « Silence » – novembre 2011)

***

Des militaires français ont comparé les lieux de nos trois ans de **captivité** à la planète Mars. Nous étions la plupart du temps attachés, les yeux bandés, vivant et dormant à même le sol. Ils nous traitaient comme des esclaves, nous assignaient des corvées. Nous avons subi les menaces, les tortures, les simulacres d'exécution, où les geôliers tirent juste au-dessus de votre tête. Nous avions droit à deux litres d'une eau maculée de gazole par jour sous 60 °C. La journée, nous étions assis dehors sous des arbres aux branches décharnées. Nous cherchions le moindre centimètre d'ombre en fonction des mouvements du soleil pour ne pas mourir déshydratés.

Nous avons tenté de nous évader. Nous avons marché de nuit 30 km pendant deux jours, jusqu'à rencontrer un chamelier dont le fils nous a dénoncés. A partir de cet instant et jusqu'à la fin, Daniel et moi sommes passés du statut d'esclave à celui d'animal…

(Thierry Dol, franciscain enlevé par Aqmi, le 16 septembre 2010, sur le site d'Areva à Arlit, au Niger, et otage pendant 1 139 jours, jusqu'au 30 octobre 2013)

***

Mieux vaut le savoir dès à présent : notre nouveau siècle sera sans aucun doute connecté et numérisé, mais il n'en affrontera pas moins les mêmes contradictions, les mêmes débats, les mêmes incomplétudes que le XXe. Non seulement nos débats et nos soucis ne sont pas périmés mais, à mesure que se dissipent les illusions, on voit réapparaître une à une toutes les questions fondatrices. Elles semblent resurgir de la brume et du bavardage qui les enveloppaient. Elles sont sans doute reformulées dans des termes différents ; elles s'inscrivent quelquefois dans une perspective un peu changée, mais ce sont bien les mêmes.

Quelles questions ? Disons la violence, la domination, l'injustice, l'inégalité, la compassion, l'ennui, la bêtise, la haine politique, la fascination pour la guerre, etc. Prenons garde à ne pas succomber à ce nouvel « opium du peuple ». Une chose reste sûre : la **réalité** de chair et de sang est bien plus têtue qu'un algorithme.

(Jean-Claude Guillebaud – 2015)

***

Les mythes qui inspirent les initiations de la société des **Baruya**, en Nouvelle-Guinée, sont le ciment de cette société. Les rites ne sont pas seulement des récits mis en scène. C'est très difficile à comprendre, même lorsqu'on est sur place. On m'avait fait des récits des initiations avant que j'aie eu le droit d'y participer. Puis, une fois dans la maison des initiations, j'ai pris des notes pendant des jours et des nuits, ainsi que des photos. A aucun moment vous ne pouvez déranger les gens pour leur demander ce qu'ils sont en train de faire. C'est bien plus tard que l'on vous explique ce que vous avez vu. Le secret des initiations réside dans le fait que des jeunes hommes encore vierges doivent introduire leur pénis dans la bouche de petits garçons et leur faire avaler leur sperme. Une fois mariés et ayant eu des rapports sexuels avec des femmes, ces pratiques sont interdites aux hommes. L'homosexualité est donc une étape essentielle pour la construction de leur virilité.

(Maurice Godelier, anthropologue : La production des grands hommes – Flammarion – 2009)

***

Voi che sapete che cosa e amor,
Donne, vedete s'io l'ho nel cor.
Quello ch'io provo vi ridiro
E per me nuevo, capir nol so.
Sento un affetto, pien di desir,
Ch'ora e diletto, ch'ora e martir.
Gelo e poi sento l'alma avvampar,
E in un momento tomo a gelar.
Ricerco un bene fuori di me,
Sospiro e gemo senza voler.
Palpito e tremo senza saper,
Non trovo pace notte ne di.
Ma pur mi piace languir cosi.
Donne, vedete s'io l'ho nel cor.

Vous, Mesdames, qui savez de quoi est fait
l'amour,
Voyez s'il est dans mon cœur.

Je vous dirai ce que j'éprouve,
C'est si nouveau que je ne puis le comprendre.
Je ressens une langueur pleine de désir,
Parfois douleur, parfois plaisir.
Je gèle, quand soudain mon âme s'enflamme,
Et le moment d'après je redeviens glacé.
Je cherche un bien-être bien au-delà de moi,
Je ne puis le saisir, j'ignore ce qu'il est.
Je soupire et je gémis sans le vouloir,
Je tremble et je palpite sans rien savoir.
Je ne trouve le repos ni le jour ni la nuit.
Mais peu importe, j'aime souffrir ainsi.

(**Mozart** : Air de Chérubin dans « Les noces de Figaro »)

***

Un détail. Mais est-ce un détail ? Je veux parler du signal qui revient en leitmotiv, jour après jour : surtout pas de choses trop intellos, pas de **prise de tête** intempestive. Tout se passe comme s'il ne s'agissait pas seulement de lessiver l'info, mais de congédier une fois pour toutes la pensée qui « se prend au sérieux ».

Résultat : sous prétexte d'audaces transgressives, on s'aligne en réalité sur ce populisme sympa qui donne le ton un peu partout dans l'audiovisuel. Il s'agit de rire, de rigoler encore, de s'esclaffer toujours. Cela donne une surenchère de voix flûtées, gloussements adorables, bisous bisous attendris, ralliements à la providence, au ciel bleu ou aux jardinets odorants – ce parti pris de bonne humeur attentive et de conseils bonasses, bref, tout ce qui peut définir une couleur d'antenne (rose bonbon, en l'occurrence), capable de triompher de la concurrence.

La rigolade ainsi entendue congédie insidieusement le savoir, la réflexion, la contestation, la dissidence, l'info dérangeante, le débat, l'inquiétude, la colère et tout le reste. Elle est la cousine de l'optimisme ravi – plutôt niais – dont se moque le Candide de Voltaire – encore un intello ! Elle rappelle, sous une forme édulcorée et un peu libre, cette béatitude acidulée qui tient lieu d'information dans nombre de dictatures tropicales. Elle vient dissoudre le réel dans une bonne humeur insistante et résout les conflits dans une espèce d'espièglerie sainte-nitouche.

(Jean-Claude Guillebaud – 2015)

***

Un homme à femmes est un séducteur,
une femme à hommes est une pute.
Un entraîneur est un homme qui entraîne une équipe
sportive,
une entraîneuse est une pute.
Un professionnel est un sportif de haut niveau,
une professionnelle est une pute.
Un coureur est un homme qui court,
une coureuse est une pute.
Un rouleur est un bon cycliste,

une roulure est une pute.
Un turfer est un homme qui prend les paris,
une turfeuse est une pute.
Un gagnant est un homme qui réussit,
une gagnante est une pute qui rapporte.
Un masseur est un kiné,
une masseuse est une pute.
Un abatteur est un homme qui fait un dur métier,
une abatteuse est une pute qui turbine.
Un homme qui fait le trottoir est un paveur,
une femme qui fait le trottoir est une pute.
Un courtisan est un homme proche du roi,
une courtisane est une pute.
Un gars est un jeune homme,
une garce est une pute.
Un péripatéticien est un homme partisan de la
doctrine d'Aristote,
une péripatéticienne est une pute.
Un homme public est un homme connu,
une femme publique est une pute.
Un homme de petite vertu, cela ne se dit pas sauf
pour les avocats,
une femme de petite vertu est une pute.
Un homme facile est un homme agréable à vivre,
une femme facile est une pute.
Un homme sans moralité est un politicien,
une femme sans moralité est une pute.

(Florence Montraynaud : Chienne de garde ! – La Découverte
– 2001)

78

***

Rappelez-vous : la **vie** est un apprentissage rudement long. Tellement long qu'on ne sait jamais à quel point du parcours on peut bien se trouver, ni à quel foutu embranchement, pas plus quel chemin on a bien pu parcourir en musardant, le nez en l'air et la tête ailleurs.

(…) Comme si cela ne nous suffisait pas que l'éclairage public ait été substitué aux marronniers de la place de la mairie ! Les Autorités avaient trop peu de considération envers la nature et leurs électeurs, ou le monde en général, et ils feignaient ensuite de s'offusquer de nos mauvaises manières, ce qui était une grave **injustice** à notre égard ; ils nous devaient pourtant à peu près tout.

(Pierre d'Ovidio : La vie épatante – Phébus – 1995)

***

J'espère bien que les gens auraient mal à la tête, et au cœur, et au ventre, que tout leur métabolisme serait dérangé s'ils devaient réfléchir à ce qu'ils ont réellement envie de faire ! Comment pourrait-il en être autrement quand, pendant des années, on est allé au **turbin** sans se poser de questions ?...

(Oliver Seeger, Suisse, ancien de Longo Maï)

***

Recette des Choux Lents.
Ce texte met en valeur les ingrédients de la soupe des Choux. Il est constitutionnel du groupe des Choux Lents.

LE VIVRE ENSEMBLE
° prendre soin de soi et du groupe en cultivant la confiance, la sincérité et l'authenticité dans la non-violence
° trouver un équilibre entre intimité et vie collective
° favoriser le cheminement personnel de chacun
° cultiver la convivialité par l'attention portée aux moments de vivre ensemble

L'EXPERIMENTATION SOCIALE
° mettre en application des rapports sociaux où la solidarité prévaut
° adopter une communication et des prises de décision en équivalence*
° respecter les règles posées ou les faire évoluer

LA SOBRIETE / LA SIMPLICITE
° revenir aux besoins essentiels
° sortir du prêt à consommer et du toujours plus
° prendre en compte notre empreinte écologique pour un meilleur partage des ressources globales

L'EXPERIMENTATION ECOLOGIQUE
° expérimenter collectivement la rénovation écologique et l'autoconstruction

° tester un mode de vie écologique individuel
° se réapproprier des savoir-faire et des savoir-être

L'OUVERTURE
° échanger et transmettre nos expériences dans une perspective d'essaimage
° s'impliquer dans la dynamique locale dans l'esprit des territoires en transition
° cultiver l'ouverture aux autres cultures
° être en mesure d'accueillir

(* *décision en équivalence* = ne nécessitant pas de vote, mais recherchant un consensus accepté par tous. Exemple : la sociocratie)

(« Les Choux Lents » - association près de Lyon)

***

C'est drôle, lui dit-elle... Moi qui ne m'ennuie presque jamais... Dès que vous êtes près de moi, je m'ennuie. On dirait que vous avez l'**ennui** sur vous comme des cigarettes... Vous ouvrez l'étui... et ça y est... crac ! l'ennui...

(extrait du film « L'île des enfants perdus » de Jacques Prévert et Marcel Carné – 1936)

***

Trouver le **code** de la Carte bleue, sachant que :
- la somme de ses quatre chiffres est 13

- le chiffre des milliers est deux fois plus grand que celui des unités
- le chiffre des centaines est trois fois plus grand que celui des dizaines.

***

J'ai passé une bonne soirée mais ce n'était pas celle-ci.

(Groucho Marx, comédien américain)

***

Pour déjeuner, à Noël, on a eu ma belle-mère. Personnellement je préfère le poulet.

(Mike Routch, attorney en Pennsylvanie)

Ma femme et moi venons de fêter notre treizième anniversaire de mariage. Si je l'avais tuée la première fois que j'en ai eu envie, je serais déjà sorti de prison.
(Franck Carson, comique irlandais)

Ne nous prenons pas au sérieux, il n'y aura aucun survivant.
(Alphonse Allais)

***

Sans domicile fixe et sans droit à la moindre pause, les **médias** ne peuvent habiter ailleurs que dans l'instant. Comme grain à moudre, ils n'ont droit qu'à ces reflets du réel qui ne chatoieront qu'une seconde. Ainsi, courant éperdument derrière son ombre, notre communauté de citoyens avale-t-elle des tas de kilomètres. Le plus souvent pour rien.

Sur la moindre limaille d'actualité, il s'agit d'empiler instantanément toute une garniture de commentaires, d'explications, etc. C'est un appareillage interprétatif, échafaudé avec professionnalisme, mais continûment miné par cette « insoutenable légèreté » qui a pour nom le provisoire, l'éphémère, l'incertain. Rien de plus périssable, en effet, que les commentaires – même savants – éjaculés dans l'instant. Et jetés aux quatre vents. La règle voit ordinairement le temps qui passe effacer d'une pichenette tout ce travail, ces conjectures, ces gloses. Une bonne part du discours médiatique se trouve alors non seulement démentie mais rétrospectivement annulée, anéantie. Et cela jour après jour. De sorte qu'on pourrait se demander, à la limite, à quoi elle pouvait bien servir.

(Jean-Claude Guillebaud – 2016)

***

Extraits de lettres de **Frédéric Chopin** à Titus Woyciechowski, ami d'enfance qui lui fut fidèle jusqu'à la mort, âgé de quelques années de plus, fort et aux grandes mains, volontaire, musicien lui-même.

9 septembre 1828 (Chopin a dix-huit ans).

Prends-moi en pitié et écris de temps en temps un mot, ou même la moitié d'un mot, une syllabe ou même une seule des lettres de l'alphabet, elle aussi me sera chère.

27 décembre 1828.

Je connais ton âme, tu ne tiens pas au papier et si je t'ai griffonné tant de choses sans queue ni tête, c'est seulement pour te rappeler que je te tiens dans mon cœur comme autrefois et que je suis le même Fryc qu'avant... Tu n'aimes pas qu'on t'embrasse. Permets-le moi aujourd'hui.

Samedi 12 septembre 1829.

Dommage que je doive cesser de t'écrire, mais c'est assez de bavardage ! J'attends votre arrivée, Monsieur... Je te baise cordialement la bouche, tu permets ?

3 octobre 1829.

Si tu le peux, écris-moi deux mots et tu me rendras heureux de nouveau pour quelques semaines. Excuse-moi de t'avoir envoyé la valse qui peut-être t'irritera mais, ma foi, je voulais te faire plaisir car je t'aime à la folie.

Samedi 27 mars 1830.

A toi, je l'enverrai le plus vite possible, mon portrait. Tu le veux, tu l'auras et nul autre que toi, une personne exceptée – et pas avant toi, car tu m'es le plus cher. Moi seul ai lu ta lettre. Comme toujours je porte à présent tes lettres sur moi. En mai, lorsque je sortirai hors des murs de la ville en pensant à mon prochain départ, comme il me sera agréable de prendre ta lettre pour me convaincre de ce que tu m'aimes sincèrement et au moins apercevoir la main et l'écriture de celui que je ne puis qu'aimer.

Samedi 10 avril 1830.

Tes conseils à propos des soirées sont sages et c'est pourquoi j'en avais refusé quelques unes comme si je t'avais deviné car tu ne saurais croire combien tu es toujours présent à ma pensée et comme tu participes à presque toutes mes actions. Est-ce parce que j'ai appris à sentir les choses auprès de toi, mais, lorsque j'écris, je voudrais savoir si cela te plaît. Il me semble que mon deuxième Concerto en mi mineur n'aura de valeur pour moi que lorsque tu l'auras entendu.

Samedi 15 mai 1830.

Non, tu ne sais pas combien je t'aime, je ne peux te le prouver d'aucune manière et je veux depuis si longtemps que tu le saches. Ah ! que ne donnerais-je pour te serrer la main ! Tu ne le devineras point… Je donnerais la moitié de ma misérable vie.

5 juin 1830.

Quel dommage qu'au lieu de la lettre, je ne puisse m'envoyer moi-même. Tu ne m'accepterais peut-être pas, mais moi je voudrais bien.

Samedi 21 août 1830.

La semaine prochaine, je ne pourrai m'empêcher de me gronder de nouveau pour ce que j'aurais dû t'écrire aujourd'hui. En voilà assez. Je ne veux plus rien de toi, même plus te serrer la main, tu m'as dégoûté de toi pour des siècles, monstre infernal. Donne ta bouche.

Samedi 8 septembre 1830.

Je vais me débarbouiller. Ne m'embrasse pas, car je ne suis pas encore lavé ! Toi ? Même si j'étais enduit d'essence byzantine, tu ne m'embrasserais que si je t'y contraignais par magnétisme ; il existe des forces dans la nature ! Aujourd'hui tu rêveras que tu m'embrasses ! Il faut que je me venge du rêve affreux que tu m'as donné cette nuit.

18 septembre 1830.

Je ne désire point partir avec toi. Je n'invente rien car, aussi vrai que je t'aime, si nous nous en allions ensemble, nous nous priverions de l'instant, plus cher que des milliers de jours passés dans la monotonie, où nous nous embrasserions pour la première fois sur la terre étrangère. Je ne pourrais pas t'attendre, te recevoir, te parler comme on fait quand la joie exclut les mots compassés et froids, lorsque les cœurs usent d'une langue divine. « Langue divine », quelle expression malheureuse, c'est comme si l'on disait un nombril ou un foie divin ! Mais revenons au moment où nous nous rencontrerons là-bas ! Peut-être alors ne saurai-je plus garder mon secret, peut-être alors te dirai-je ce à quoi je rêve sans cesse, ce qui est toujours devant mes yeux, ce que j'entends constamment, et me donne le plus de joie dans ce monde tout en m'affligeant le plus aussi. Cependant, ne crois pas que je sois amoureux, car je le remets encore à plus tard.

(…) Lorsque je n'aurai plus de quoi manger, tu seras bien forcé de me prendre comme scribe à Poturzyn ; j'habiterai près de l'écurie, il fera si bon près de toi comme cette année au château.

5 octobre 1830.

Donne ta bouche, mon bien-aimé ; tu m'aimes encore, j'en suis convaincu et j'ai toujours peur de toi comme d'une sorte de tyran, je ne sais pourquoi mais j'ai peur de toi. Par Dieu, toi seul peut quelque chose sur moi, toi et… personne d'autre. C'est peut-être la dernière lettre que je t'écris.

Jusqu'à la mort, ton F. Chopin.

***

En avril 2010, 7 500 internautes ont, sans le savoir, vendu leur **âme** à un site anglais de jeux vidéo. De façon irrévocable, par un contrat en bonne et due forme, signé en cochant la case « J'accepte », mais… sans lire les « conditions générales « du site.

(docu. « Les nouveaux loups du web » de Cullen Hoback, réalisateur américain – janvier 2016)

***

Une petite expérience menée main dans la main par un laboratoire de l'Institut national de la santé et de la recherche médicale et par l'université de Rouen. Après avoir prélevé des bactéries intestinales de rat et les avoir gavées de nutriments, les chercheurs ont vu apparaître une protéine inattendue, la ClpB. Ils ont alors eu la bonne idée d'injecter ladite protéine à des souris affamées (!), ce qui a eu pour effet immédiat de leur couper l'appétit.

Les scientifiques qui travaillent sur les relations cerveau-intestin – ce dernier étant, comme on le sait, tapissé de neurones – le subodoraient depuis longtemps. Certaines **bactéries** intestinales, une fois « rassasiées », libèrent des protéines qui stimulent la libération d'une hormone enclenchant illico dans le cerveau le sentiment de satiété.

(« Le Canard enchaîné » – 6 janvier 2016)

***

Les **amis** d'enfance ont un défaut, c'est celui d'avoir votre âge.
(Michel Tournier)

Je me refuse à connaître ce que je puis ignorer sans dommage.

(Marcel Jouhandeau)

Au zoo. Toutes ces bêtes ont une tenue décente. Hormis les **singes**… On sent que l'homme n'est pas loin.

(Cioran)

Lire un **roman** n'est pas se retirer du monde, c'est entrer dans le monde par une autre porte.

(Antoine Dulac)

Quand les **mystères** sont très malins, ils se cachent dans la lumière.

(Jean Giono)

Ne serions-nous pas tous des **meurtriers** si les cadavres se volatilisaient instantanément ?

(Eric Chevillard, écrivain)

Souvenez-vous avant d'écrire de la beauté du papier.

(Louis Veuillot, journaliste)

L'**oubli** est une forme de pardon ou l'ultime étape de la vengeance ?

(Antoine Dulac,)

L'**inexpérience** est ce qui permet à la jeunesse d'accomplir ce que la vieillesse sait impossible.

(Tristan Bernard)

Il est bon d'être ferme par tempérament et flexible par réflexion.

(Luc de Clapiers, marquis de Vauvenargues)

Les Français n'aiment pas les étrangers. Les pauvres, bien sûr... Les riches, on les appelle des **touristes**.

(Françoise Giroud, journaliste)

Beauté de la **littérature**. Je perds une vache. J'écris sa mort et ça me rapporte de quoi acheter une autre vache.

(Jules Renard)

Rien ne rend si aimable que de se croire aimé.

(Pierre Carlet, dit Marivaux)

Le chaînon qui manque entre le singe et l'homme, c'est nous.

(Pierre Dac, humoriste et comédien)

On s'étonne trop de ce qu'on voit rarement et pas assez de ce qu'on voit tous les jours.

(Mme de Genlis, romancière et mémorialiste)

L'**adolescent** et son désir d'être à la fois comme tout le monde et comme nul autre.

(Jacques Drillon, journaliste)

La pensée vole et les mots vont à pied. Voilà tout le drame de l'**écrivain**.

(Julien Green)

Une fois reconnue la différence de l'autre, encore ne faut-il pas réduire l'autre à sa différence.

(Pascal Bruckner)

Croyez ceux qui cherchent la vérité, doutez de ceux qui la trouvent.

(André Gide)

On naît nu, mouillé et affamé. Puis les choses empirent.

(W.C. Fields, jongleur, humoriste et acteur américain)

***

Frédéric Chopin.

Figure-toi qu'en ce peu de temps on m'a fait jouer deux fois en public au théâtre impérial. Voici comment les choses arrivèrent : Haslinger mon éditeur me fit remarquer qu'afin d'assurer le succès de mes compositions, il serait souhaitable que je me produisisse. Mon nom, me dit-il, est inconnu, mes œuvres difficiles et de peu d'aspect extérieur... pourtant je ne pensais nullement accepter. D'ailleurs, comme je n'avais plus joué depuis plusieurs semaines, je refusai, alléguant n'être pas en état de paraître devant un public aussi choisi. Nous allions en rester là quand survint le comte de Gellenberg, celui qui a composé de beaux ballets et dirige le théâtre. Haslinger me présente à lui comme un poltron craignant de jouer en public. Alors le comte est assez aimable de me proposer de jouer à son théâtre et moi si sûr de mes moyens que je décline l'offre. Le lendemain, on frappe à ma porte. Entre Würfel. Il me conjure de jouer. Je ferais, me déclare-t-il, honte à mes parents et à Elsner, honte aussi à moi-même, en refusant de jouer à Vienne quand l'occasion s'en présentait. Tous surent m'étourdir si bien que j'acceptai. Würfel entama aussitôt toutes les démarches nécessaires et, dès le lendemain, les affiches étaient posées. Dès lors, impossible de se rétracter… et je ne savais même pas ce que j'allais jouer, ni comment. Trois Instrumentenmacher voulurent mettre chacun un pantaléon à ma disposition. Je les en remerciai en refusant, car j'avais une trop petite chambre ; puis, ces quelques heures d'exercice ne m'eussent pas servi à grand-chose : je devais en effet jouer quarante-huit heures plus tard. En un jour, je fis la connaissance de Mayseder, de Gyrowetz, de Lachner, de Kreutzer, de Schuppanzigh, de Merk, de Lewi ; en un mot, de tous les grands musiciens de Vienne. Malgré cela, l'orchestre me fit grise mine à la répétition, sans doute parce qu'à peine arrivé à Vienne j'allais, sans qu'on sache pourquoi, jouer mes propres compositions. Je fis commencer la répétition par les *Variations* qui te sont dédiées et que le *Rondo à la Krakowiak* devait précéder. Cela n'alla pas mal mais je dus faire reprendre plusieurs fois le début du *Rondo*. L'orchestre pataugeait et se plaignait des pauses indiquées de façon différente en haut et en bas, bien qu'il ait été convenu qu'il fallait tenir compte uniquement de celles du haut. C'était en partie de ma faute, mais j'espérais avoir été compris. Pareil désordre mit cette fois les musiciens en colère, or ce sont tous des virtuoses et des compositeurs. Finalement, ils firent tant d'erreurs qu'en songeant à la soirée, je me sentais près de tomber malade. Mais le baron Demar, régisseur du théâtre, s'était rendu compte qu'il s'agissait d'une petite bouderie de l'orchestre – provoquée surtout par Würfel qui voulait le diriger – or, je ne sais pourquoi, l'orchestre n'aime pas Würfel – et il me proposa de remplacer le *Rondo* par une improvisation. Quand Demar dit cela, l'orchestre de faire les yeux ronds. Et moi j'étais si irrité qu'en désespoir de cause, j'acceptai et qui sait si cette humeur malheureuse et le risque à courir ne me tinrent pas lieu d'aiguillon pour me faire mieux jouer le soir ? La vue du public viennois ne m'effraya pas du tout. Il n'est pas d'usage là-bas que l'orchestre occupe la scène, il reste à sa place habituelle. Devant un merveilleux instrument – le meilleur sans doute qui fut sorti de chez Graff –, je m'installai tout pâle à côté d'un préposé tout rouge pour me tourner les pages. Crois-moi, je jouai en désespéré. Les *Variations* firent cependant un tel effet qu'applaudi après chacune d'elles, je dus paraître sur la scène lorsque je les eues terminées. Enfin arriva le moment de l'**improvisation**. Je ne sais comment cela se fit, mais je m'en tirai de telle façon que l'orchestre se mit à applaudir et lorsque j'eus fini, je fus de nouveau rappelé sur la scène. Ainsi se termina le premier concert.

(Correspondance de Frédéric Chopin – I L'aube 1816-1831 – éd. Richard Masse)

***

Que savent-ils, ceux qui dirigent Rosserys & Mitchell ?

Ils savent que gagner de l'argent, c'est la seule activité qui vaille. Ils savent que c'est cela l'important, et que tout le reste, comme ils disent, c'est de la littérature. Ils savent que le **pouvoir** temporel est plus important que le pouvoir intemporel. Ils aiment les écrivains, les peintres et les musiciens morts, mais non ceux qui vivent et travaillent dans le même temps qu'eux. Ils ne craignent Dieu que quand ils sont petits ou quand ils sont près de mourir. Ils savent que les rapports entre les individus et entre les peuples ne sont fondés que sur la force et la richesse. Ils savent qu'en ce bas monde, un bon banquier est plus utile qu'un bon confesseur ou qu'une femme aimante. Ils savent que l'homme et la terre ont été créés pour dominer l'Univers et que, sous le soleil, rien ne vaut un bon gisement de cuivre, une vaste nappe de pétrole, un immense troupeau de bêtes à cornes et à poils. Ils savent que les hommes ne naissent pas égaux entre eux, que ce sont là des histoires et que, si des peuples l'inscrivent dans des constitutions, c'est tout simplement parce que c'est plus satisfaisant pour l'esprit, plus commode dans les rapports sociaux. Ils savent qu'il en est de même pour ceux qui disent qu'ils croient en Dieu. Ils savent que tout s'achète et que tout se vend. Ainsi achètent-ils des quantités importantes d'hommes politiques et de gens d'Eglise, qu'ils revendent ensuite avec de solides plus-values. Ils savent qu'on n'a qu'une vie, que cela seul importe, et que tous les excès de l'homme sont finalement soit oubliés dans la nuit des temps, soit pardonnés par l'Histoire. Qui pourrait en vouloir aujourd'hui à un riche planteur du Missouri d'avoir, sa vie durant, violé les négresses et enterré vivants leurs esclaves de maris ? Le planteur est-il en enfer ? Et où est l'enfer ? Le fait est qu'il a vécu bien vieux, riche, redouté, qu'il eut de nombreux enfants et petits-enfants, et que ceux-ci ne furent frappés d'aucune maladie divine, qu'ils agrandirent les terres de l'ancêtre et qu'ils engendrèrent à leur tour. Qui médit encore aujourd'hui du juge Sewall qui condamna cruellement et stupidement les « sorcières de Salem » ?... Ceux qui dirigent Rosserys & Mitchell savent tout cela, ils ont bien appris la leçon. Ils savent aussi qu'ils sont les citoyens du pays le plus puissant que le monde ait connu. Ils savent que leurs chefs militaires commandent à des armes et des armées capables de mettre à la raison n'importe quel pays du monde, y compris la dictature de l'Est. Ils savent que ce qu'on appelle le patriotisme ou la dignité d'un peuple ne signifie rien du tout. Ils savent que tous les peuples sont veules, qu'ils ne pensent qu'à leur commerce, qu'ils admirent profondément la richesse et la générosité des Etats-Unis d'Amérique du Nord, la sagesse, la probité et la clairvoyance de ses dirigeants et tout particulièrement de ses génies, ceux qui, partis de rien, ont bâti un empire, des empires, ceux qui ont commencé à vendre des sandales de caoutchouc et qui ont fini à la tête de nombreuses et puissantes fabriques de peaux de boucs, de fourrures de phoques, de biscuits chocolatés. Ce sont eux les grands exemples de l'humanité, c'est pour eux que Dieu a créé les hévéas. Ils savent, ceux qui dirigent Rosserys & Mitchell, transformer une boite de cornichons en plusieurs boîtes de cornichons, ensuite en plusieurs boîtes de biscuits, ensuite en plusieurs flacons de térébenthine, puis en immeubles, en tuyaux de fonte, en réfrigérateurs. Et, après, ils savent construire les vaisseaux qui enfermeront dans leurs flancs des milliers de boîtes de toutes sortes, des tonnes de carburant, et encore ils savent décharger ces boîtes et ce carburant sur les quais des pays lointains, d'où ils reviennent chargés de tapis, de truffes, de noix de coco, de cannelle, de café, et ensuite ils achètent, vendent et rachètent, empruntent et prêtent. Ce faisant, ils indiquent le véritable sens de la vie, ils méritent de guider le monde. Ils savent que les poèmes sont écrits par les fous pour ceux qui sont fous, les sonates et concertos pour ceux qui sont superficiels, et que les prières sont dites par les gens faibles pour les gens faibles. Ils savent que les idéologies ne pèsent d'aucun poids dans les rapports entre Etats ou collectivités humaines et qu'en définitive chacun se réconcilie avec chacun devant un bon sac d'or. Ils savent qu'un dollar ou un rouble doivent toujours donner deux dollars ou deux roubles et que le moyen d'obtenir ce résultat, c'est la ruse, le cynisme et l'imagination mercantile. Aujourd'hui, ils savent utiliser au mieux les découvertes de la science pour accroître la production de l'argent avant même celle des marchandises. Ils savent acheter aussi bien une entreprise de location de voitures aux USA qu'une conserverie de poissons aux Pays-Bas ou des usines de jus de tomate en France. Ils savent que l'important c'est de tout acheter, de tout avoir, de tout manipuler, et non d'accorder les forces financières, industrielles et commerciales aux besoins des peuples. Ils savent que fabriquer des chaises ou des automobiles n'est pas nécessaire ni primordial, mais que seule compte la somme des bénéfices qu'à la fin de l'année rapporteront ces fabrications. De nos jours, les dirigeants de Rosserys & Mitchell savent même abattre des gouvernements, noyauter les conférences internationales, couler une monnaie, provoquer des guerres et les arrêter au moment opportun pour leurs intérêts. Ainsi qu'on le voit, ils savent beaucoup de choses. Et, comme on peut le supposer, il leur faut disposer d'immenses capacités intellectuelles et morales pour assumer des tâches aussi lourdes.

(René-Victor Pilhes : L'imprécateur – Seuil)

***

La rencontre imprévue qui va faire basculer votre vie, la plaque de verglas sournoise, la réponse que vous donnez sans réfléchir... Les choses définitives ne mettent pas un dixième de seconde à se produire.

Prenez ce petit garçon, il a huit ans. Qu'il fasse simplement un pas de côté et tout peut changer, irréversiblement. Sa mère s'est fait tirer les cartes, on lui a prédit qu'elle serait veuve dans l'année. Elle a raconté ça à son fils en pleurnichant, les poings serrés sur la poitrine, des sanglots dans la voix. Il fallait que j'en parle à quelqu'un, tu comprends ? Lui n'avait jamais vraiment imaginé la mort de son père qui lui semblait indestructible. Maintenant il vit dans la peur. Il y a de ces mères, tout de même... (...) Cette **prédiction**, il y a longtemps qu'elle l'a oubliée. (...) Pour son petit garçon, évidemment c'est une autre paire de manches. Son imaginaire s'est engouffré tout entier dans cette histoire de sorcière, il n'en parle à personne, fait cauchemar sur cauchemar. Certains jours, l'idée de la mort de son père l'habite jusqu'au malaise ; des semaines entières, elle disparaît, comme par enchantement. Quand elle revient, c'est avec une puissance décuplée, parfois ça lui coupe les jambes, littéralement, il faut qu'il se retienne à quelque chose, qu'il s'assoie. Lorsque la menace réapparaît, il exécute toutes sortes de rites conjuratoires, convaincu que si son père meurt, ce sera de sa faute.

Aujourd'hui, « si je ne pose pas le pied sur un joint du trottoir, mon père ne mourra pas. » C'est seulement à partir du boulanger que ça compte.

Il est quasiment en apnée depuis la maison et le chemin est long jusqu'à l'école de musique. (…) Il lève les yeux et voit soudain apparaître son père dans l'autre sens. (…) Le garçon est surpris parce que c'est rare de le voir arriver aussi tôt.

Les images qui suivent s'inscriront au ralenti dans son souvenir.

Car évidemment cette seconde d'inattention est de trop, le temps de se reprendre, de baisser les yeux, l'enfant est stoppé net : son pied est posé en plein milieu du joint en ciment…

Et donc son père va mourir, c'est fatal.

Oui, les choses définitives surviennent à une vitesse stupéfiante.

(Pierre Lemaître : Rosy et John – LdP)

***.

L'improvisation.

Il s'agit d'un genre musical en soi. Lorsque je pense au concert de Cologne, mais surtout à ceux du Japon, je m'aperçois qu'au moment où je joue, il y a trois personnalités qui cohabitent en moi : l'improvisateur, le compositeur et le pianiste. *L'improvisateur* est là, assis au clavier, se fiant à sa capacité à trouver un chemin musical qui le conduise de A à B. Il n'a cependant aucune idée de ce que B va être, car B est suggéré par A. Ensuite il y a le *compositeur* qui envoie du matériel sonore à l'improvisateur si ce dernier a momentanément perdu le flux ou s'il est en panne d'idées. Il devra donc s'empresser de suggérer un B en employant son bagage culturel et son savoir. En quelque sorte, le compositeur est une base de données. Quant au *pianiste*, c'est l'exécutant. Il faut qu'il soit à l'écoute des deux autres et qu'il accomplisse sa mission : être à la hauteur technique afin de réaliser ce qu'on lui demande, donc savoir gérer le doigté, le style, l'interprétation des silences. Il doit aussi être attentif à ce qui se passe dans son corps : prévenir les crampes aux doigts, ne pas oublier de respirer... Le compositeur, lui, est plus sage : il a passé sa vie à écouter et à étudier tous les styles musicaux. Enfin, le pianiste est celui qui juge car il écoute les deux autres. Son boulot est d'exécuter même lorsqu'il n'est pas d'accord.

Souvent l'accident de l'improvisateur devient une couleur de plus sur la palette du compositeur. Lorsque j'étais enfant, j'ai entendu mon frère Chris, qui ne connaissait rien à la musique, jouer au piano des choses qui m'ont bouleversé. Il se lançait sur l'instrument sans avoir aucune idée de ce qu'il était en train de faire, en suivant exclusivement son émotion. Le résultat était « a-musical », et pourtant extraordinaire. Pendant des années, j'ai cherché à retrouver cette zone musicale que Chris avait créée accidentellement. J'ai voulu apprendre à provoquer des accidents de façon consciente. Faire des erreurs, être maladroit. Je me disais : « Qui es-tu pour juger de ce qui sonne juste ou faux ? » Tout cela non pas pour dégrader mon jeu, mais pour découvrir de nouveaux univers.

(Keith Jarrett, pianiste – 2008)

***

On retrouve dans le dernier classement des cinquante fortunes du **vin** du magazine « Challenge » des noms que le grand public connaît déjà pour avoir accumulé des fortunes colossales dans d'autres domaines. En première position, comme toujours, Bernard Arnault, dont le patrimoine viticole compte quelques pépites comme Yquem ou Cheval Blanc ainsi qu'un véritable empire en champagne (Krug, Veuve Clicquot, Dom Pérignon… soit quelque 1 717 hectares de vignes champenoises) et pèse 1,5 milliard d'euros. Son frère ennemi, François Pinault, arrive en cinquième position avec un patrimoine viticole de 700 millions d'euros dont le prestigieux Château Latour. Bernard Magrez, 525 millions d'euros. Michel Reybier, créateur de la marque Justin Bridoux, 450 millions d'euros. Martin et Olivier Bouyghes, 250 millions d'euros. Alain Wertheimer, propriétaire de Chanel, 235 millions d'euros. La famille Dassault, 150 millions…

« UFC-Que choisir » a passé au crible 92 bouteilles provenant de Bordeaux, Bourgogne,

Champagne, Côtes-du-rhône, Languedoc-Roussillon... Elle a détecté de la carbendazime dans 19 échantillons ! 100 % des **vins** sont contaminés, non bio et bio (à l'état de traces seulement, mais ils sont tout de même contaminés par leurs voisins pollués...). L'association épingle deux bordeaux : Mouton Cadet 2010 qui bat tous les records avec 14 pesticides. Ainsi qu'un graves blanc, Château Roquetaillade Le Bernet 2011, qui contient environ cinq fois plus de quantité de résidus que ses comparses bordelais déjà beaucoup plus plombés que les autres vins français...

Si toutes ces régions sont épinglées, le Bordelais est effectivement celle qui apparaît comme la plus polluée, suivie par la Champagne puis, dans une moindre mesure, la Bourgogne. Des résultats concordants avec les données 2013 du service de statistiques du ministère de l'Agriculture (l'Agreste). La région viticole qui traitre le plus est le Bordelais avec un indice de fréquence de traitement de 38,5. On trouve ensuite les Pyrénées-Orientales (32), Paca (29,4), la Champagne (28,4), le Beaujolais (28,1)... Loin derrière, la Bourgogne (24,7).

(Isabelle Saporta, journaliste : Vinobusiness – J'ai Lu)

***

Le dernier prévenu est Henri Simone. Le greffier lit :
« Porté en prévention sur sa demande ».

C'est un grand gamin maigre, au visage de petite fille et qui nous regarde avec des yeux doux. Il porte à ses manches les deux galons de bonne conduite et de travail.

« Qu'est-ce que c'est que cette lubie ?

- Monsieur le directeur, je veux aller en **cellule**.

- Tu n'es pas fou, Simone ! Voyons... tu voudrais peut-être me parler ? De quoi as-tu à te plaindre ?

- De rien, monsieur le directeur. Je voudrais aller en cellule.

- Allons, allons, ce n'est pas sérieux ! Tu sais qu'on a été très content de toi. Avec tes deux galons, tu touches le dimanche et le jeudi ton quart de vin ou du café. Tu as du fromage ou des confitures. On t'a fait tirer ta photographie. Tu as droit aux cheveux et à la moustache quand tu en auras. Voyons, tu ne veux tout de même pas qu'on te coupe les cheveux ?

- Non, monsieur le directeur, mais je veux aller en cellule.

Monsieur le directeur se fâche, prend une voix plus grave :

« Soyons sérieux, Simone ! Tu sais bien ce que je t'ai promis. Eh bien ! je t'ai trouvé une place en ville chez le coiffeur. Tu vas apprendre un bon métier. Et avec ce que tu vas gagner tout de suite tu auras bientôt un livret de Caisse d'épargne bien rempli. Allons, ça va ?

- Merci, monsieur le directeur, mais je veux aller en cellule... »

Enfin, il éclate en sanglots.

Raoul Beauchamp était un gentil petit misérable avec des cheveux blonds tondus, de larges yeux bleus, une vareuse de toile bise et des sabots...

Parfois les gaffes veulent avoir la paix...

« Ça les démange... Qu'ils se débrouillent ! »

Il est plus facile de fermer les yeux que de les ouvrir.

Planté sur son socle de ciment au milieu de la cour, il y a le bateau-école... Au bout du bateau, une petite voile que l'on appelle le volant.

Lorsque le volant est largué, on dirait un hamac.

Un soir, ils étaient quatorze dans la cour avec un gardien.

« Viens dans le volant... »

Le gardien était devenu **sourd**.

« Viens, c'est d'accord... »

Raoul a dû y aller quatorze fois...

(...) « Quand je suis arrivé à Belle-Ile, m'a dit Coutanzeau, ils ont vu que je n'aimais pas les injustices et qu'avec mes bras j'avais des moyens pour me faire écouter... Plusieurs fois, j'ai eu des explications aussi bien avec les pupilles qu'avec les surveillants... Quand il m'a connu, Beauchamp est venu me demander : « Veux-tu que je sois ta femme à toi tout seul ? » Moi, monsieur Roubaud, ce n'est pas mon cas, vous pouvez consulter mes punitions, il n'y a jamais ce motif. Mais j'ai fait croire aux autres qu'on était ensemble. Et ils l'ont laissé tranquille. »

(Louis Roubaud, journaliste : Les enfants de Caïn – Grasset – 1925)

***

La culture chiite du **martyre** explique que, lors de la guerre Iran-Irak, dans les années 80, de nombreux enfants iraniens aient été envoyés sur les champs de bataille pour les déminer en se sacrifiant. Ils portaient avec eux une clé du paradis (en plastique, fabriquée en Chine), et s'enveloppaient dans des couvertures afin qu'on puisse plus facilement réunir leurs restes après leur mort, et ensuite les adorer comme des reliques de martyrs.

Durant les **guerres de religion** du XVIe siècle, les tueurs de Dieu se promènent fièrement les bras couverts de sang et exhibent le corps de l'ennemi de Dieu, auquel ont été infligées toutes sortes de mutilations visant à lui faire perdre forme humaine – le corps humain ayant été créé à l'image de Dieu, l'hérétique ne saurait garder cette apparence. Le cadavre est défiguré à force d'être battu à coups de bâtons ou de maillets. Certains massacreurs se livrent à des rituels d'animalisation : le corps mort de l'ennemi est dénudé, réduit à sa dimension bestiale, parfois mêlé à des dépouilles d'animaux, de porcs notamment. Lorsqu'on fait des prisonniers, sont organisées parfois des chasses à l'homme. Est pratiquée aussi l'éventration avant d'exhiber les boyaux, considérés comme le siège des passions et donc comme le moteur qui a poussé l'ennemi à pécher, à s'écarter de dieu. On coupe encore le nez, les oreilles, les lèvres, pour anticiper les supplices que font subir en Enfer les diables aux damnés.

La violence catholique vise indistinctement tous les protestants, hommes, femmes et enfants. On considère que le protestant souille le royaume, qu'il attire la colère divine. Il faut donc le punir en lui coupant les mains, en montrant ses basses parties, etc. Et purifier la France en se débarrassant de son corps qui est brûlé ou jeté à la rivière : il ne saurait être enterré dans un lieu consacré. Les massacreurs sont persuadés de faire leur salut.

Dans certaines communautés catholiques, le **meurtre** du prisonnier protestant est délégué aux enfants qui le tuent par lapidation : à travers les êtres dont Christ a dit qu'ils étaient les plus innocents qui soient, la mort est directement imaginée comme donnée par Dieu.

Dans le monde **aztèque** ancien, le sacrifice des captifs obéissait à un rituel très codifié, notamment lors de la fête *Tlacaxipehualiztli* (« Ecorchement de l'homme »), durant laquelle les guerriers mouraient soit par cardiectomie et écorchement (*xipehualiztli*), soit par fléchage (*tlacacaliliztli*), soit dans un combat gladiateur (*tlahuahuanaliztli*).

Les **croisades** – texte anonyme.

C'est alors qu'un de nos chevaliers, nommé Lieutaud, escalada le mur de la ville. Peu après qu'il fut monté, tous les défenseurs de la cité s'enfuirent par les remparts et par la cité. Les nôtres les suivirent et les pourchassèrent, tuant et sabrant à plein corps, jusqu'au temple de Salomon. Là il y eut un tel carnage que les nôtres enfonçaient les pieds dans le sang jusqu'à la cheville. (…) C'était au point que tout le temps ruisselait du sang des Sarrasins. Enfin, les païens furent réduits. Les nôtres se saisirent dans le temps d'une bonne quantité d'entre eux, mâles et femelles, qu'ils tuèrent ou épargnèrent selon leur bon plaisir. (…) Bientôt, les Francs coururent par toute la ville, pillant l'or et l'argent, les chevaux et les mulets, les maisons pleines de biens de toutes sortes. Puis, joyeux et pleurant de joie, les nôtres allèrent adorer le sépulcre de notre Sauveur Jésus, et s'acquittèrent envers lui de leur dette capitale.

(« L'Obs hors-série » : Le retour des guerres de religion – décembre 2015)

***

L'être, le paraître et l'agir.

***

Chers amis,

Je voulais vous envoyer mes vœux spontanés mais, après consultation d'un avocat, je me suis rendu compte de l'imprudence de ma formulation. Vous souhaiter une bonne année, une bonne santé et la prospérité me soumet au risque de poursuites de votre part.

Voici donc la version rectifiée de mes vœux, qui remplace le projet initial et qui est en conformité avec le principe de précaution inscrit dans la Constitution.

Nouvelle formulation...

« Je vous prie d'accepter, sans aucune obligation implicite ou explicite de votre part, mes vœux à l'occasion du solstice d'hiver et du premier de l'An, en adéquation avec la tradition, la religion ou les valeurs existentielles de votre choix, dans le respect de la tradition, de la religion ou des valeurs existentielles des autres, ou dans le respect de leur refus, en la circonstance, de traditions, religions ou valeurs existentielles, ou de leur droit à manifester leur indifférence aux fêtes populaires programmées. Ces vœux concernent plus particulièrement :

- la santé, ceci ne supposant de ma part aucune connaissance particulière de votre dossier médical, ni d'une quelconque volonté de m'immiscer dans le dialogue confidentiel établi avec votre médecin traitant ou votre assureur avec lequel vous auriez passé une convention obsèques

- la prospérité, étant entendu que j'ignore tout de la somme figurant sur votre déclaration de revenus, de votre taux d'imposition et du montant des taxes et cotisations auxquelles vous êtes assujetti

- le bonheur, sachant que l'appréciation de cette valeur est laissée à votre libre arbitre et qu'il n'est pas dans mon intention de vous recommander tel ou tel type de bonheur.

Nota bene : le concept d'année nouvelle est ici basé, pour des raisons de commodité, sur le calendrier grégorien qui est celui le plus couramment utilisé dans la vie quotidienne de la région à partir de laquelle ces vœux vous sont adressés. Son emploi n'implique aucun désir de prosélytisme. La légitimité des autres chronologies utilisées par d'autres cultures n'est absolument pas mise en cause. Notamment :

- le fait de ne pas dater ces vœux du yawm as-sabt 1 Safar de l'an 1434 de l'Hégire (fuite du Prophète à Médine) ne constitue ni une manifestation d'islamophobie ni une prise de position dans le conflit israélo-palestinien

- le fait de ne pas dater ces vœux du 2 Teveth 5773 ne constitue ni un refus du droit d'Israël à vivre dans des frontières sûres et reconnues, ni le délit de contestation de crime contre l'humanité

- le fait de ne pas dater ces vœux du 3ème jour (du Chien de Métal) du 11ème mois (Daxue, Grande Neige) de l'année du Dragon d'Eau, 78ème cycle, n'implique aucune prise de position dans l'affaire dite « des frégates de Taïwan »

- le fait de ne pas dater ces vœux du Quintidi de la 3ème décade de Frimaire de l'an 221 de la République française, une et indivisible, ne saurait être assimilé à une contestation de la forme républicaine des institutions.

Enfin, l'emploi de la langue française ne sous-entend aucun jugement de valeur. Son choix tient au fait qu'elle est la seule couramment pratiquée par l'expéditeur. Tout autre idiome a droit au respect, tout comme ses locuteurs.

Clause de non responsabilité légale.

En acceptant ces vœux, vous renoncez à toute contestation postérieure.

Ces vœux ne sont pas susceptibles de rectification ou de retrait.

Ils sont librement transférables à quiconque, sans indemnités ni royalties.

Leur reproduction est autorisée. Ils n'ont fait l'objet d'aucun dépôt légal.

Ils sont valables pour une durés d'une année, à condition d'être employés selon les règles habituelles, et à l'usage personnel du destinataire. A l'issue de cette période, leur renouvellement n'a aucun caractère obligatoire et reste soumis à la libre décision de l'expéditeur.

Ils sont adressés sans limitation préalable liée aux notions d'âge, de genre, d'aptitude physique ou mentale, d'ethnie, d'origine, de communauté revendiquée, de pratiques sexuelles, de régime alimentaire, de convictions religieuses, politiques ou philosophiques, d'appartenance syndicale, susceptibles de caractériser les destinataires.

Leurs résultats ne sont en aucun cas garantis et l'absence, totale comme partielle, de réalisation n'ouvre aucun droit à compensation.

En cas de difficultés liées à l'interprétation des présentes, la juridiction compétente est le tribunal habituel du domicile de l'expéditeur.

***

L'Arabie saoudite.

Etat théocratique fondé sur l'alliance d'une famille et des oulémas wahhabites.

Jusqu'à maintenant, la pratique d'une religion autre que l'Islam y demeure proscrite.

La charia fait office de Code de loi.

Pas de parlement, ni de partis.

Les femmes portent une abaya noire en public. Elles n'ont pas le droit de conduire une voiture, ni de se promener sans l'autorisation du père ou du mari.

Les magasins ferment aux heures de prière.

L'alcool est banni, tout comme le porc, les salles de théâtre ou de cinéma.

Autant d'interdits qu'une police religieuse et des cours islamiques se chargent de faire appliquer.

Raif Badawi, le blogueur libéral coupable d'avoir défendu sur son site la laïcité, condamné à 1 000 coups de fouet, plus dix ans de prison, pour blasphème.

Ali al-Nimr, jeune activiste chiite, frappé de la peine de mort pour avoir manifesté à 17 ans contre le régime et qui attend d'avoir la tête tranchée et le reste du corps crucifié puis exposé en public jusqu'à son lent pourrissement, conformément au verdict d'une justice dite islamique.

Terrible bilan humanitaire des bombardements saoudiens au Yémen.

Hausse exponentielle des exécutions depuis cinq ans : 24 en 2010, 87 en 2014, 153 en 2015. Cela a contraint le royaume à recruter huit bourreaux supplémentaires.

(« NouvelObs » – décembre 2016)

***

A la fin des années 70, l'ingénieur anglais un rien excentrique James Lovelock, ancien consultant pour la Nasa, formule l'hypothèse **Gaïa**. Selon lui, si la planète Terre ne ressemble à aucune autre, c'est parce qu'elle n'est en rien chose inerte et passive : elle se comporte comme un être vivant, sensible, qui s'autorégule de manière à maintenir un environnement chimique et climatique favorable à la vie.

(Jean-Luc Porquet, journaliste – janvier 2016)

***

Un **accident** survenu dans la ville chinoise de Foshan, le 13 octobre 2011, a entraîné la mort d'une petite fille de 2 ans, Wang Yue. Une effroyable vidéo de télésurveillance existe. Elle montre cette petite fille renversée, puis écrasée par la roue avant droite d'une camionnette dont le conducteur – au téléphone avec sa petite amie ! – s'arrête avant de repartir presqu'aussitôt en écrasant une deuxième fois la petite fille avec la roue arrière droite. Suit le défilé de l'horreur : des automobilistes, des cyclistes, des piétons passent à côté du petit corps agonisant sur la chaussée sans s'en préoccuper ; un conducteur va même jusqu'à rouler sur les jambes de la gamine !

Au total, 18 personnes appartenant au genre dit « humain » défilent durant 6 minutes sans tenter de secourir la petite fille, sans même arrêter la circulation dans ce quartier d'activité commerciale aux airs de Sentier. La dix-neuvième personne, une vieille dame compatissante, ramène enfin le corps inanimé sur le trottoir en attendant les secours. Wang Yue ne pourra être sauvée : elle mourra quelques jours plus tard, victime de ses graves blessures et d'une commotion ayant entraîné très vite un état de mort cérébrale.

(« Un syndrome effrayant : l' « effet du témoin » » - Wikipedia)

***

L'**art** ne vient pas coucher dans les lits qu'on a faits pour lui. Il se sauve aussitôt qu'on prononce son nom : ce qu'il aime, c'est l'incognito. Ses meilleurs moments sont quand on oublie comment il s'appelle.

(Jean Dubuffet, peintre – 1960)

***

C'est évidemment cette période que choisit Ivan, 13 ans, pour se planter un gros **hameçon** dans le doigt en voulant se saisir d'une belle coryphène. Le poisson se débat et enfonce encore plus profondément l'ardillon. Urgence. On coupe le fil. La blessure est vraiment moche. Surtout ne pas paniquer. Enlever ce

113

double hameçon qui disparaît presque totalement dans la main d'Ivan. Sabine commence au bistouri mais elle est agitée de tremblements. Je prends le relais et je vais, durant vingt minutes, jouer à l'apprenti-chirurgien en essayant de ne pas trop charcuter Ivan avec le scalpel. Surtout ne pas sectionner de tendons ! Et cette mer qui ne se calme pas ! C'est sanguinolent et des morceaux de chair apparaissent. Voilà Sabine qui tourne de l'œil et Manon qui fait des prières et des incantations à l'avant du bateau. Et Ivan, stoïque, courageux quoique tout blanc, est héroïque. Enfin je sors l'hameçon et me précipite vers la bouteille de rhum la plus proche. Désinfection, suture et antibiotiques. Encore une fois, on a eu chaud.

(René van Bever, voyageur et conférencier : Six ans en famille autour du monde – La grande parenthèse – éd. Pages du Monde)

***

Chacun trouve son plaisir où il le prend.

Ecrire, c'est une façon de parler sans être interrompu.

- Je te donnerais bien mon jouet, dit l'enfant, mais je ne peux pas : il est à moi.

Quand on peut voir si nettement les défauts des autres, c'est qu'on les a.

Qu'est-ce qu'un beau livre que personne n'a remarqué ?

N'écoutant que son courage, qui ne lui disait rien, il se garda d'intervenir.

(Jules Renard : Journal – 1887-1910 – La Pléiade)

***

A peine Homo sapiens avait-il foulé le sol de notre planète bleue qu'il levait les yeux vers le **ciel**, fasciné par les étoiles et l'absolu mystère de ces lumières lointaines. Dès la préhistoire, il en a retracé les constellations en alignements de pierres monumentales, ou bien à même la roche, dans la grotte de Lascaux. Accrochant son œil, les plus visibles et les plus éclatants des objets célestes : cinq planètes de notre système solaire et leur trajectoire évoluant nuit après nuit, et notre satellite la Lune. Voici cinq mille ans, les Mayas calculaient déjà ses éclipses, Mercure était scrutée deux mille ans avant Jésus-Christ en Occident mais aussi en Chine ou en Inde, tout comme Vénus, Mars la rouge, Jupiter et Saturne. Les savants d'alors mêlaient étoiles et planètes, qu'ils croyaient « posées » au-dessus de nos têtes, surplombant une Terre plane. L'espace en trois dimensions apparaît environ six cents ans avant J.-C. dans l'esprit visionnaire d'Anaximandre de Milet, grand philosophe et astronome grec. Le premier, il imagine une terre environnée d'espace, d'astres. Deux siècles s'écoulent avant qu'Aristote ne la conçoive ronde, entourée d'étoiles et de planètes en rotation, posées sur des sphères dont les mouvements produisaient une musique céleste. Moins poétique, au IIe siècle, Ptolémée rédige l' « Almageste », une table déjà remarquablement précise des astres et des planètes qui servira de référence jusqu'à Copernic. En 1512, ce chanoine et médecin polonais renverse l'Univers, met à bas toutes les représentations religieuses et mythologiques : il décrit le Soleil, notre étoile, comme pivot central des planètes, y compris la Terre. Le Système solaire était né. Un siècle plus tard, l'Italien Galilée met au point la première lunette astronomique et poursuit sur la même voie, au grand dam de l'Eglise et des scientifiques de l'époque. On lui doit les premières observations des anneaux de Saturne et des satellites de Jupiter. A la même époque, Kepler énonce les premières lois du mouvement des planètes, avec leurs orbites non circulaires mais en ellipse. Mais c'est bien sûr au Britannique Newton que l'on doit la loi de la gravitation universelle, en 1687, clé fondamentale de la physique pour calculer les mouvements des corps célestes et l'attraction qu'ils exercent les uns sur les autres. Par hasard, le musicien William Herschel découvre Uranus en 1781, septième planète de notre système, grâce à un télescope construit par ses soins. Puis, en 1846, le Français Urbain Le Verrier déduit par ses calculs l'existence de Neptune, en raison de son influence sur Uranus, très vite confirmée par une observation de l'Allemand Galle. Pluton a été découvert en 1930 par

Clyde Tombaugh dans la ceinture de Kuiper, un grand anneau de débris glacés grands comme des astéroïdes. Située aux confins de notre système, Pluton en sera considérée comme la neuvième planète jusqu'à ce que Mike Brown, astrophysicien au Caltech en Californie, ne s'en mêle. En 1962, c'est le coup d'envoi des sondes explorant notre système, *Mariner 2* survole Vénus, puis, en 1979, *Voyager 1* nous révèle les anneaux de Jupiter. Au fil des missions, ces engins ont permis de dénombrer des millions de corps nouveaux, comètes, planètes naines, astéroïdes... Mais c'est bien de la Terre qu'en 2005 Michael Brown découvre Eris et Makémaké, deux planètes naines plus grosses que Pluton, faisant perdre du même coup à celle-ci son statut de planète. Un renversement que ce trublion vient de parachever en publiant une nouvelle étude démontrant mathématiquement l'existence, dans cette même zone très éloignée, d'une neuvième planète vingt fois plus grosse que la Terre.

(Véronique Radier, journaliste – janvier 2016)

***

Ainsi, les pièces qui constituent le matériel même de la culture – livres, peintures, monuments – doivent-elles être regardées d'abord comme résultant d'un choix spécieux fait par les gens de culture de leur temps et, ensuite, comme nous délivrant des pensées altérées – pensées qui ne sont d'ailleurs que celles, très particulières, des gens de culture appartenant à une minuscule caste.

***

C'est curieux : se refaire les seins, ça coûte la peau des fesses !

Les prévisions sont difficiles, surtout lorsqu'elles concernent l'**avenir**.

Cette nuit, un voleur s'est introduit chez moi. Il cherchait de l'argent. Je suis sorti de mon lit et j'ai cherché avec lui.

De chez moi au **bar**, il y a 5 minutes. Alors que du bar jusque chez moi, il y a 1 heure et demi. Va comprendre…

L'**ironie**, c'est quand tu rentres en prison pour vol de voiture et que tu sors pour bonne conduite.

Les **parents**, c'est deux personnes qui t'apprennent à marcher et à parler, pour te dire ensuite de t'asseoir et de te taire.

J'ai dit à ma femme que j'avais envie de la **tuer**. Elle m'a dit que j'avais besoin de consulter un spécialiste. Alors j'ai été engager un tueur à gages.

L'être humain est incroyable : c'est la seule créature qui va couper un arbre pour en faire du papier et écrire dessus : « Sauvez les arbres ! »

Au Code de la route, on apprend qu'on doit s'arrêter au stop même quand il n'y a personne... Mais dans la vraie vie, on s'arrête ou pas ?

A son moniteur qui lui demande quelles sont les précautions à prendre au moment de faire le plein d'essence, un élève répond : « Il faut avoir des sous ! »

***

Le **cancer** reste la première cause de décès des enfants par maladie. 1 enfant sur 440 aura un cancer avant l'âge de 15 ans, et 2 000 enfants sont touchés par le cancer chaque année. Avec 500 décès par an, plus d'un enfant meurt chaque jour du cancer en France. Et si l'on guérit 80 % des enfants, ce n'est qu'une statistique à cinq ans. Et après ? Il y a de fortes disparités selon les tumeurs, et ces enfants ont bien souvent de lourdes séquelles suite aux traitements ou à la maladie.

La plupart des médicaments donnés aux enfants sont, comme on dit, « off label », c'est-à-dire que ce sont des médicaments d'adulte, non légalement autorisés chez l'enfant, et on a adapté les doses à l'enfant selon son poids.

(Patricia Blanc, présidente fondatrice de l'association « Imagine for Margo » – colloque de l'Institut national du cancer (INCA) – février 2016)

***

La **spirale** est exactement là où la matière inanimée se transforme en vie. Je suis convaincu que l'acte de création s'est fait sous forme de spirale. Notre Terre décrit le déroulement de la spirale. Nous tournons dans un cercle, mais nous ne revenons jamais au même point, le cercle ne se ferme pas, nous venons seulement à proximité de l'endroit où nous avons été. Ceci est typique pour la spirale qui apparemment est un cercle qui ne se ferme pas. La vraie et équitable spirale n'est pas géométrique, mais végétative, elle a des renflements, parfois plus mince et parfois plus épaisse, et coule autour des barrières qui se trouvent sur son chemin.

La spirale signifie la vie et la mort dans toutes les dimensions. A l'extérieur, elle se dirige vers la naissance, vers la vie, et puis, par une dissolution apparente, dans le surdimensionné, dans l'extraterrestre, dans des zones non mesurables. Vers l'intérieur, elle se condense par concentration vers la vie et devient après, dans des petites régions infinies, ce que nous appelons la mort, car ceci dépasse notre perception qui tente à mesurer. La spirale pousse et meurt végétative, c'est-à-dire que les lignes spiroïdales se déroulent tels les méandres des fleuves et suivent la loi de la croissance des plantes. Elle n'oblige en aucune façon le déroulement, mais elle se laisse diriger. En conséquence, il lui est impossible de faire des erreurs.

(Friedensreich Hundertwasser, artiste autrichien : Manifeste de la moisissure contre le rationalisme en architecture – 1958)

***

La **langue française**.
C'est un imprimeur – Tory, en 1529 – qui a introduit les accents, la cédille et l'apostrophe. Et c'est le graveur vénitien Griffo qui a inventé l'italique pour caser plus de caractères sur une ligne.
C'est en 1718 que l'Académie française a introduit les lettres j et v !
Et il faut attendre 1836 pour que les *–ois* et *–oit* deviennent *–ais* et *–ait*.

***

Promenée d'une famille d'**accueil** à l'autre, la jeune Gilly se bat pour survivre. C'est une ado close, dure, qui mord les mollets comme un chien des rues. Son rêve ? Retrouver sa mère qui l'a abandonnée. Fugueuse, menteuse, voleuse, la voilà accueillie par une femme qui a recueilli un enfant battu. Alors elle

121

aboie, Gilly. Griffe, cogne, puis se calme. L'amour que lui offre cette inconnue l'écœure avant de la désorienter. Entre un vieux voisin aveugle et le gamin qui a peur des coups, la jeune fille se demande si elle n'a pas rencontré sa famille.

(sur le film « La fabuleuse Gilly Hopkins » de Stephen Herek, réalisateur américain – 2016)

***

Il faudra bien qu'un jour, pour ce sujet comme pour un autre, on en vienne à nommer, répertorier, exposer les êtres humains individus portant ces scandales basés sur le mépris. Les noms égrenés des « responsables » - Monsanto, Servier, etc. – ne disent rien en vérité. Ils sont vagues, suffisamment flous pour cacher les actions qui durent de ceux – ah ! les voilà… - qui tiennent la responsabilité-volonté de ces actions. Délation ?...

(à propos de « Le monde selon Monsanto » de Marie-Monique Robin, journaliste d'investigation et réalisatrice (2009), « Le livre noir de l'agriculture » d'Isabelle Saporta, journaliste d'investigation et éditrice (2011) et « Un empoisonnement universel » de Fabrice Nicolino, journaliste (2014))

***

J'avais déjà eu l'occasion d'observer M. **Marcel Déat** au cours des repas : cynique, lâche, égoïste, incroyablement orgueilleux, tout entier gouverné par

122

une recherche chimérique du pouvoir ; quelque chose d'oblique dans le regard qui déteint sur toute la personne ; il prenait tout de biais, les gens, les choses, les paroles ; nul ne pouvait l'affronter, tout dans sa moue exprimant l'idée que rien de grave n'arrivait jamais aux autres.

Condamné à mort par contumace, le 19 juin 1945, par la Haute Cour de justice, il se cacha dans différents lieux en Italie grâce à l'entraide active des congrégations religieuses. Enseigna la philosophie dans un collège de Turin. Vécut dans cette ville de 1947 à sa mort, en 1955, sous la protection de l'Institution Jeanne-d'Arc des religieuses de la Providence.

(Pierre Assouline : Sigmaringen – Folio)

***

On peut être propriétaire d'une **couleur**. L'artiste britannique Anish Kapoor s'est vu accorder le droit exclusif d'utiliser le Vantablack – un noir d'une grande pureté qui a la particularité d'absorber 99,65 % de la lumière – par la société qui le produit, Surrey NanoSystems. Un certain nombre d'autres couleurs ont été déposées par des sociétés, parmi lesquelles le jaune de Nikon, le bleu de Petit Bateau, le bleu et le jaune de La Poste, l'orange de la compagnie téléphonique éponyme. Un autre orange, celui d'Hermès, est même référencé avec une extrême précision.

123

(« VSD » – mars 2016)

***

Le 17 avril 1942, à cinq heures du matin, on fit sortir dans la cour tous ceux qui se trouvaient dans la maison. On commença par prendre leurs enfants aux mères dont les maris étaient juifs. Le fils de Moskalienko-Rosenfeld avait cinq ans et sa fille trois ans. Mais pour les mères, les **Allemands** avaient trouvé un châtiment plus raffiné que l'assassinat immédiat. On jeta les enfants en vrac, telles des bûches, dans des camions. Ensuite, on les emmena. Près des abattoirs municipaux, à cet endroit terrible et maudit qu'on voit du haut remblai de la voie ferrée près de Talnoyé, tous les enfants furent abattus. On laissa les mères en vie ; elles étaient moralement si effondrées que les Allemands étaient convaincus de ne jamais les voir se relever.

(…) Les SS tuaient les enfants de la façon suivante : un SS soulevait un enfant d'une main par les cheveux et, de l'autre, il lui tirait une balle de révolver dans l'oreille. Un SS essaya de soulever par l'oreille un petit garçon qui avait la teigne. Comme il n'y parvenait pas et que le garçonnet tomba, l'Allemand le déculotta et, d'un coup de talon, lui écrasa les testicules. « Maintenant, tu peux toujours essayer de te reproduire », dit-il, tandis que les autres Allemands riaient.

(Vladimir Lidine, écrivain et mémorialiste soviétique, dans
« Le livre noir » de Ilya Ehrenbourg, écrivain et journaliste russe,
et Vassili Grossman, écrivain et journaliste soviétique – Actes
Sud)

***

Errare humanum est et perseverare
cretinissimum.

***

Le **monstre**.

Le monstre finalement nous rassure beaucoup plus
que cet homme normal, cet homme qu'on aurait pu
être. Quand on ouvrira la cage, on verra qu'à
l'intérieur il n'y a personne, que tout ce que nous
avons vu n'était que notre propre reflet sur le verre.

(Hannah Arendt, politologue et philosophe américaine :
Eichmann à Jérusalem – Rapport sur la banalité du mal –
Gallimard)

***

Le **communisme**, c'est la liberté plus le
champagne pour tous.

(John Reed, journaliste américain : Esquisses révolutionnaires
– Nada Editions – 2016)

***

Puisque la **réalité** est étalée sous nos yeux, il n'y a rien à expliquer.

(Ludwig Wittgenstein, philosophe, mathématicien, ingénieur et architecte)

***

Un jeune homme reçut en récompense un cheval magnifique, mais en galopant il tomba et se cassa les deux jambes ; d'un **bien** venait un **mal**, d'une récompense une blessure. La guerre éclata et les princes mobilisèrent les jeunes gens de son âge, mais il fut exempté puisqu'il ne pouvait plus marcher ; d'un mal venait un bien, d'une blessure la vie car tous ses compagnons furent massacrés. Et ainsi de suite, ainsi courait la vie entre des extrêmes trompeurs.

Numéro Six revenait de chez Tchouang avec un sac de crabes quand il le vit de loin, immobile devant un mûrier de la forêt. Il s'approcha et lui toucha familièrement l'épaule :

- Qu'est-ce que tu fais, Monsieur le Superviseur, à regarder ce mûrier ?

- J'essaie d'oublier son **nom**. Tant que je connais son nom, je ne le vois pas.

L'enfant incrédule plissa le front. Les propos de Tchouang le déconcertaient.

- Le beau, le laid, ce sont des conventions, tu sais. Qu'est-ce qui est beau ? Qu'est-ce qui est laid ? Pour qui ? Pour quoi ? Madame Li ! Les singes lui préfèrent les guenons, les cerfs leurs biches, et pour le tigre elle n'est qu'un morceau de viande fraîche. Madame Li ! Quand ils la voient, les poissons terrifiés plongent au plus profond des eaux et les oiseaux s'envolent. Qui a raison ? Chacun aime la compagnie de qui lui ressemble. Les gens détestent ceux qui sont **différents**.

La **foule** aurait-elle toujours raison ? Elle reste à la surface des choses et se laisse guider par ses émotions.

(Patrick Rambaud : Le maître – LdP)

***

Après des platitudes notoires
Pour obtenir ce qu'on voulait
L'usage est de traiter de poires
Ceux à qui l'on doit un bienfait.

(Hector de France)

***

Elle s'est mise à danser un boogie-woogie avec moi mais pas ringard, tout en souplesse. Elle était vraiment douée. Je la touchais et ça suffisait. Et quand elle tournait sur elle-même, elle tortillait du cul si joliment. J'en étais estomaqué. Sans blague. Quand on est allé se rasseoir j'étais à moitié amoureux d'elle. Les filles c'est comme ça, même si elles sont plutôt moches, même si elles sont plutôt connes, chaque fois qu'elles font quelque chose de chouette on tombe à moitié amoureux d'elles et alors on ne sait plus où on en est. Les **filles**. Bordel. Elles peuvent vous rendre dingue. Comme rien. Vraiment.

Lorsqu'on a commencé à sortir ensemble je lui ai posé la question : comment ça se faisait qu'elle avait eu un rancard avec un foutu crâneur comme Al Pike. Jane a dit qu'il était pas crâneur. Elle a dit qu'il avait un complexe d'infériorité. C'était pas pour se donner un genre mais comme si elle le prenait en pitié. Avec les filles, c'est bizarre, chaque fois qu'on mentionne un type qu'est un salaud cent pour cent – mesquin, crâneur et tout – quand on dit ça à une fille elle vous répond qu'il a un complexe d'infériorité. Peut-être qu'il en a un mais à mon avis ça l'empêche pas d'être un salaud. Les filles, on sait jamais ce qu'elles vont penser. Une fois j'ai arrangé un rancard entre la copine de chambre de Roberta Walsh et un de mes amis. Mon ami s'appelait Bob Robinson et lui, le complexe d'infériorité, c'était pas de la rigolade. Il avait honte de ses parents et tout parce qu'ils se mélangeaient dans les temps des verbes et qu'ils roulaient pas sur l'or. Mais c'était pas un salaud. C'était une très brave type. Pourtant la copine de chambre de Roberta Walsh, elle l'a pas aimé du tout. Elle a dit à Roberta qu'elle le trouvait trop prétentieux – et ça pour la seule raison qu'il lui a raconté que dans

sa classe c'était lui qui était responsable du groupe de
« débats ». Cette petite chose de rien du tout et elle le
trouvait prétentieux. L'ennui avec les filles c'est que
si un garçon leur plaît, il peut être le plus horrible des
salauds, elles trouveront qu'il a un complexe
d'infériorité et s'il leur plaît pas, il aura beau être un
brave type et avoir un énorme complexe, elles diront
qu'il est prétentieux. Même les filles intelligentes sont
comme ça.

Ces mecs **intellectuels**, ils aiment pas avoir avec
vous une conversation intellectuelle à moins que vous
les laissiez diriger l'opération. Toujours ils veulent
que vous la fermiez quand *ils* la ferment, et que vous
rentriez dans votre chambre quand ils rentrent dans la
leur. Quand j'étais à Whooton, ça le rendait fou le
gars Luce si à la fin d'un de ses cours sur le sexe on
quittait sa chambre pour aller continuer la discussion
entre nous – je veux dire les copains et moi. Dans la
chambre de quelqu'un d'autre. Oui, ça le rendait fou.
Il voulait que chacun regagne sa piaule et se taise
quand il avait fini d'être le grand leader. Il avait trop
la trouille qu'il y en ait un qui dise quelque chose de
plus intelligent que ce qu'il avait dit, lui. Moi, ça
m'amusait.

Je suis pas très sûr que Phoebé comprenait de quoi
je parlais, après tout c'est qu'une petite fille. Mais au
moins elle écoutait. Si au moins quelqu'un écoute
c'est déjà pas mal.
Elle a dit « Papa va te tuer. Il va te tuer. »

Je faisais pas attention. Je pensais à quelque chose. Quelque chose de dingue. J'ai dit « Tu sais ce que je voudrais être ? Tu sais ce que je voudrais être si on me laissait choisir, bordel ?

- Quoi ? Dis pas de gros mots.

- Tu connais la chanson « Si un cœur attrape un cœur qui vient à travers les seigles ? » Je voudrais…

- C'est « Si un corps rencontre un corps qui vient à travers les seigles ». C'est un poème. De Robert Burns.

- Je le sais bien que c'est un poème de Robert Burns. » Remarquez, elle avait raison, c'est « Si un corps rencontre un corps qui vient à travers les seigles ». Depuis, j'ai vérifié.

Là j'ai dit « Je croyais que c'était « Si un cœur attrape un cœur ». Bon. Je me représente tous ces petits mômes qui jouent à je ne sais quoi dans le grand champ de seigle et tout. Des milliers de petits mômes et personne avec eux – je veux dire pas de grandes personnes – rien que moi. Et moi je suis planté au bord d'une saleté de falaise. Ce que j'ai à faire c'est attraper les mômes s'ils s'approchent trop près du bord. Je veux dire s'ils courent sans regarder où ils vont, moi je rapplique et je les *attrape*. C'est ce que je ferais toute la journée. Je serais juste l'**attrape-cœurs** et tout. D'accord c'est dingue, mais c'est vraiment ce que je voudrais être. Seulement ça. D'accord, c'est dingue.

(J. D. Salinger : L'attrape-cœurs – Pavillons Poche)

***

Il arrivait qu'une des filles n'en puisse plus de pleurer de **solitude**, qu'elle se mette à pleurer comme une folle, sans pouvoir s'arrêter. Les sœurs la laissaient passer la nuit dans le lit d'une autre, celle qu'elle voulait. Bien sûr, l'autre devait être d'accord, mais je n'ai jamais vu une fille refuser. Pour nous, c'était un devoir sacré. Les sœurs disaient : « Chi é che ti rimetterà sul cammino giusto ? », c'était l'expression consacrée, et la fille choisissait celle dont elle partagerait la nuit. Certaines restaient là, serrées l'une contre l'autre, d'autres devenaient plus intimes. Personne ne disait rien, même les sœurs. C'était trop violent, ce besoin d'être dans les bras de quelqu'un, tu comprends.

Elle s'installait sur une banquette, sortait un livre de son sac, Ronny lançait : « A tout à l'heure, madame ! » et partait faire le tour des salles. Il disait « Salut ! » à voix basse à chacune des toiles qu'il aimait, s'arrêtait devant l'une ou l'autre qui avait quelque chose de particulier à lui dire. Le **tableau** avait passé la semaine dans l'attente de sa visite, il était impatient de l'accueillir, il le sentait. Ici un Amiet, là un Hodler, là un Sagantini, qui voulaient se raconter, à lui et à personne d'autre. Il se mettait alors dans une sorte de garde-à-vous, regardait la toile, fou de joie d'être ainsi interpellé, la scrutait, et terminait toujours le face-à-face par un « D'accord ! » qui scellait la conversation.

(Metin Arditi : Juliette dans son bain – Points)

***

La présence de sa **mère** dans sa vie ressemblait à un grand mur au pied duquel ses exigences à lui se faisaient toutes petites, comme des mendiants à la porte d'une ville.

Pfitz parlait à Lee Otis pendant que le mécano vérifiait un joint défectueux sur une bombe à napalm. Lydecker tendit l'oreille pour entendre ce qu'il disait.

« … Ouais, rien de mieux que cette gélignite, mec. Ça va nous faire gagner la gue'h. Merde, je me rappelle encore le truc d'origine. Si les **Viets** étaient assez rapides, y pouvaient s'en dépêtrer. Alors les scientifiques y z-ont eu une bonne idée. Y z-ont commencé à ajouter du polystyrène. Putain, mec, maintenant ça colle mieux que d'la merde au plafond. » Il gloussa de rire. Les yeux d'Otis étaient embués d'ennui mais Pfitz, emporté par son enthousiasme, continuait sur sa lancée sans s'en apercevoir : « L'emmerde, c'était que si les Viets étaient assez rapides et se précipitaient sous l'eau, ça s'arrêtait de brûler. Alors, y a un type astucieux qui a ajouté du phosphore blanc au mélange et, tu m'entends mon gars, maintenant ça peut brûler sous l'eau ! » Il tendit la main pour tapoter le nez de la bombe. « C'est OK, ce truc-là, maintenant… »

(William Boyd : La chasse au lézard – Points)

***

L'**enfance** n'est pas une saison mais bien une culture à part entière, pas une infériorité mais une nouvelle frontière, un sport dangereux que l'on peut réapprendre à pratiquer

(Alexandre Jardin : Les coloriés – Folio)

***

Ils nous empêchent de rêver, on va les empêcher de dormir.

***

Les enfants commencent par aimer leurs **parents**. En grandissant, ils les jugent, quelquefois ils leur pardonnent.

(Oscar Wilde)

***

Je pourrais être enfermé dans une coquille de noix et me tenir maître d'un espace infini.

(Shakespeare : Hamlet)

***

Les **amendes** historiques pour entente imposées par l'Autorité de la Concurrence :

2005 – Téléphonie mobile (Orange, SFR et Bouygues) : 534 millions d'euros

2008 – Sidérurgie : 575 millions d'euros

2010 – Commissions interbancaires sur les chèques : 385 millions d'euros

2011 – Fabricants de lessive : 368 millions d'euros

2012 – Secteur de la farine en sachets : 243 millions d'euros

2014 – Secteur des produits d'hygiène et d'entretien : 951 millions d'euros

2015 – Secteur des produits laitiers frais : 193 millions d'euros

***

Il ne faut jamais se moquer des riches – on ne sait jamais ce qu'on peut devenir...

(Blanchard, père de Philippe Katerine)

***

134

Pourquoi le poste de radio fonctionne mieux quand on le touche ?

Une **antenne**, c'est un peu comme les douanes : ne rentrent dans le poste que les ondes radio qui ont la permission, c'est-à-dire celles de l'émission que vous écoutez. Mais il arrive que d'autres ondes se faufilent, ce qui brouille la réception. Lorsque l'on touche le poste avec sa main, celle-ci filtre en quelque sorte les ondes et la transmission est plus claire. Explication : tout commence lorsque les ondes radio arrivent sur l'antenne. Ce ne sont pas encore des ondes sonores mais des ondes électromagnétiques qui transportent l'information. Lorsque les ondes rencontrent l'antenne, elles mettent en mouvement les électrons contenus dans la tige de métal. Et qui dit électron en mouvement dit courant électrique. C'est ce signal électrique qui, après un passage dans l'amplificateur, devient l'onde sonore qui parvient à vos oreilles. Comme le corps humain est moins bon conducteur d'électricité que l'antenne, lorsqu'on la touche, on va réduire le passage du courant électrique et donc celui des ondes. Si celles qui se frayent un chemin sont celles de votre émission de radio, vous entendrez mieux car il n'y a plus d'autres ondes parasites.

(« Science et Vie »)

***

Pommier de plein vent ou pommier haute-tige.

C'est le pommier de la campagne, du village, du paysan. Cet arbre large, haut, vigoureux a besoin de place pour étendre ses branches. Peu exigeant en soins, il était malgré tout capable de donner de belles récoltes. Il a longtemps fait partie du paysage rural. On pouvait le rencontrer tantôt isolé dans une haie, tantôt en rangée dans un champ ou encore dans un pré. Il pouvait être pommier à cidre mais aussi pommier greffé de variétés à deux fins, cidre et couteau. Il était toujours greffé haut (de 1,50 à 1,80 mètre du sol) pour permettre aux hommes et aux animaux de passer facilement dessous.

Dans les régions de bocage, il avait sa place dans les prés de pâture. Ce pré-verger était entouré d'une haie vive. Les vaches avaient l'habitude de se mettre à l'ombre des pommiers à l'heure de la rumination. Leurs déjections contribuaient à la fertilisation du sol.

Quand les tracteurs ont remplacé la traction animale, le contournement des rangées de pommiers dans les prés ou les champs étaient une perte de temps. Alors on les arracha ainsi que les haies voisines qui, disait-on, prenaient le meilleur de la terre avec leurs longues racines. Le pré-verger a disparu au profit d'une prairie ordinaire entourée de barbelés.

Une pomme par jour tient le docteur à distance... à condition de bien viser !

Cycle annuel du **pommier**.

En observant les pommiers dès le printemps, il est facile d'apprendre à reconnaître les différents stades phénologiques qui sont des repères pour caractériser l'espèce fruitière :

A les écailles protectrices sont bien serrés. C'est le bourgeon floral de l'hiver

B début du gonflement avec apparition d'une fente à l'extrémité

C accentuation du gonflement. Du vert apparaît dans la fente terminale

C3 de minuscules feuilles pointent – on les compare à des oreilles de souris

D entre les petites feuilles émergent les fleurs de couleur verte (couleur des sépales)

D3 les petites feuilles ont poussé un peu plus. Les fleurs – encore des boules vertes – sont bien distinctes

E les sépales s'écartent, commencent à laisser voir la couleur des pétales

E2 toutes les fleurs du corymbe montrent des pétales rouges

F la première des fleurs du bouquet vient de s'ouvrir

F2 pleine floraison pour toutes les fleurs

G les premiers pétales tombent

H chute des derniers pétales

I nouaison

J grossissement des fruits.

(Jean Lefèvre : Le pommier – Les Carnets des Croqueurs de pommes)

***

Les **Hébreux**, libérés d'Egypte, traversent le désert. Alors que les miracles s'enchaînent – ouverture de la mer Rouge, distribution de la manne… –, ils n'ont de cesse de geindre. Ils interpellent Moïse : « Est-ce qu'il n'existait pas de caveaux en Egypte ? C'est pour ça que tu nous as emmenés mourir dans le désert ? » (« Exode », 14, 11). Malgré ces doléances, dont il signale à l'Eternel qu'elles sont insupportables, Moïse continue d'assumer son rôle de prophète et se rend au sommet du Sinaï pour recueillir la Loi. Il n'a pas sitôt quitté le campement que le peuple se plaint à Aaron, son frère, complètement dépassé. Moïse les a laissés seuls ! Ils exigent une idole pour les mener à sa place et construisent le veau d'or. Voyant cela, Dieu interrompt son tête-à-tête avec Moïse et l'engage à regagner rapidement le cantonnement. Devant la scène des Hébreux dansant autour de leur veau, sous le regard las d'Aaron, l'Eternel, furieux, décide de tous les exterminer et promet à Moïse de faire naître de lui un nouveau peuple. Moïse est obligé de calmer son Dieu en lui exposant qu'après tout ce qu'Il a mis en œuvre pour libérer le peuple hébreu, cette histoire paraîtrait ridicule aux yeux des Egyptiens (« Exode » 32, 9-14).

(Macha Fogel, journaliste spécialiste de l'Europe centrale et de la Russie – « Le Monde des Religions » – juillet-août 2015)

***

En 1874, des gisements d'or sont découverts dans les Black Hills, en plein territoire indien. Des négociations laborieuses s'engagent avec les **Sioux** pour qui les Black Hills constituent un territoire sacré. Devant l'impasse des négociations et les pressions accrues des colons, le gouvernement américain décide d'imposer la cession du territoire par la force. Les prospecteurs, protégés par les cavaliers du général Custer, se répandent dans le site des Lakotas, violant ainsi le deuxième traité de Fort Laramie. Sous la houlette de Sitting Bull et de Crazy Horse, Sioux et Cheyennes unissent leurs forces. Le 25 juin, ils anéantissent les 185 hommes du 7ème régiment de cavalerie et leur commandant, le général Custer – surnommé « Pehnin Hanska » : « Longs Cheveux » – près de Little Big Horn. Des milliers de soldats traquent alors les tribus des Plaines, les forçant une à une à la reddition. Crazy Horse se rend avant d'être abattu, en 1877. Seul Sitting Bull échappera à la capture en se réfugiant, avec 3 000 guerriers, au Canada.

(Aurélie Godefroy, journaliste – mai-juin 2014)

***

« Qu'arrive-t-il à ton poing quand tu ouvres ta main ? »

(Nathalie Calmé, journaliste : Bouddhisme, ces insensés maîtres zen – 2015)

***

Eon – mot employé pour traduire le terme *kalpa*. Un *kalpa* représente le temps qu'il faudrait pour faire disparaître l'Himalaya si, une fois tous les trois cents ans, on l'effleurait avec un tissu délicat.

(à propos du bouddha disant qu'il s'est éveillé il y a « d'innombrables, d'infinis milliers de millions de myriades et de milliards d'éons » et non pas une quarantaine d'années auparavant comme tout le monde l'imaginait – dans le *Sûtra du lotus*).

***

Dans les villes inconnues marche quelqu'un qui a notre visage, notre âge et notre nom, quelqu'un qui est nous mais ayant épousé une autre vie.

(Christian Bobin)

***

Le journal « Le Monde » se pose une question des plus sérieuses : où est donc passé le **saint Prépuce** de Jésus, qui a été circoncis huit jours après sa naissance ? Ses reliques corporelles ont une valeur

140

inestimable. Or, une étude du « Journal of Urology »
de juillet 2007 recensait 21 églises et abbayes ayant
un jour exposé le précieux bout de peau. Autre
théorie, le saint Prépuce aurait servi d'alliance à
Catherine de Sienne (1347-1380). Ou, selon Leone
Allacci, théologien italien du XVIIe siècle, le divin
prépuce serait monté aux Cieux en même temps que le
Christ pour former les anneaux de Saturne !

(« Le Monde des Religions » – 2014)

***

Les Grecs pensaient que l'**Univers** était fait pour le
seul bénéfice de l'homme, que la Terre était au centre
du monde et que tout tournait autour d'elle. Cette vue
aristotélicienne a duré vingt siècles, jusqu'en 1543,
quand Copernic a, pour la première fois, délogé la
Terre de sa place dans l'univers au profit du Soleil. La
Terre se trouve reléguée au rang de simple planète, à
l'instar des autres planètes qui tournent autour du
Soleil. Mais l'humain se console en se disant que si la
Terre n'est pas au centre du monde, le Soleil, lui,
devait l'être. Las ! Les astronomes ont démontré que
notre astre n'est qu'une étoile parmi les quelque cent
milliards qui composent la Voie lactée. A la fin du
XIXe siècle, l'astronome américain Hubble démontre
en outre l'existence d'autres systèmes similaires à la
Voie lactée, perdue parmi une centaine de milliards de
galaxies. L'homme se trouve totalement perdu à
travers ce vaste cosmos. Dès le XVIIe siècle, Blaise

Pascal disait : « Le silence éternel de ces espaces infinis m'effraie ». Ce cri de désespoir est repris au XXe siècle par Jacques Monod, grand biologiste français, qui dit que « l'homme sait enfin qu'il est seul dans l'immensité indifférente de l'Univers d'où il a émergé par hasard ». Aux yeux de ce prix Nobel de médecine, l'homme n'est qu'un accident de parcours, l'Univers n'a donc aucun sens.

Je pense au contraire que la cosmologie moderne a réenchanté le monde. Elle a redécouvert l'ancienne alliance cosmique entre l'homme et le cosmos, montrant que nous sommes des poussières d'étoile.

(Trinh Xuan Thuan, astrophysicien)

***

Voir le monde dans un grain de sable
Et le paradis dans une fleur sauvage
Tenir l'infini dans le creux de sa main
Et l'éternité dans une heure.

(William Blake)

***

Je suis très peu choqué par ce que les hommes font quand ils enlèvent leur pantalon : pour faire leurs vraies **saloperies**, ils s'habillent.

(Romain Gary)

***

Mes amis n'ont pas de visage,
les femmes sont ce qu'elles furent il y a déjà tant
d'années,
je ne sais pas si ce coin de rue a changé,
il n'y a pas de lettres sur les pages des livres.
Tout ceci devrait m'effrayer,
mais c'est une douceur, un retour.
Il y a des générations de **textes** sur la Terre ;
je n'en aurai lu que quelques-uns,
ceux que je continue à lire dans la mémoire,
à lire et à transformer.
(…) l'amour partagé, les mots,
Emerson et la neige et tant de choses.
Maintenant je peux les oublier. J'arrive à mon
centre,
à mon algèbre et à ma clef,
à mon miroir.
Bientôt je saurai qui je suis.

(Jorge Luis Borges : Eloge de l'ombre dans « L'Or des
tigres » – 1995 – à propos de sa cécité)

***

Les **mots** ne sont pas seulement un moyen de
communication mais aussi des symboles magiques –
et de la musique.

143

(Jorge Guillermo Borges, père de Jorge Luis)

***

Mieux vaudrait n'avoir jamais lu un seul livre que d'être défléchi par son attraction de ma propre orbite au point de n'être plus qu'un satellite. Autonome, je « possède en quelque sorte mon propre soleil, ma lune et mes étoiles à moi, un petit monde qui m'appartient. Ma petite **cosmogonie** portative. »

(Ralph Waldo Emerson)

***

Héraclite – Rien n'est stable, donc rien n'est à proprement parler ; tout n'est qu'**apparences** changeantes et fuyantes.

Montaigne – « Le monde n'est qu'une branloire pérenne. » (une perpétuelle **balançoire**) sans consistance ni stabilité. Les choses vont et viennent, disparaissent et passent, les empires qu'on pensait inébranlables s'écroulent, les certitudes du jour sont remises en question le lendemain.

Stoïciens – L'impérieux devoir de maîtriser ses passions, ainsi que l'urgence d'affranchir son âme des fausses craintes qui peuvent la troubler. La plus tenace d'entre elles, celle de la **mort**, ne peut être guérie que par une longue et patiente préméditation.

***

Le **cycle de la vie**.

« Comble de l'inconsistance », dit l'Ecclésiaste, comble de l'inconsistance, tout n'est que fumée !

Quel avantage l'homme retire-t-il de toute la peine qu'il se donne sous le soleil ? Une génération s'en va, une autre arrive et la terre est toujours là. Le soleil se lève, le soleil se couche, il soupire après l'endroit d'où il se lève à nouveau. Le vent se dirige vers le sud, tourne vers le nord, puis il tourne encore et reprend les mêmes circuits. Tous les fleuves vont à la mer, mais la mer n'est pas remplie et ils continuent d'aller vers leur destination. Tout est en mouvement, plus qu'on ne peut le dire. L'œil ne sera jamais rassasié de voir et l'oreille ne sera jamais remplie au point de ne plus pouvoir écouter.

Ce qui a existé, c'est ce qui existera, et ce qui s'est fait, c'est ce qui se fera. Il n'y a rien de nouveau sous le soleil. Si l'on dit à propos de quelque chose : « Regarde ceci, c'est nouveau », en réalité cela existait déjà dans les siècles précédents. On ne se souvient pas de ce qui est ancien, et ce qui arrivera par la suite ne laissera pas de souvenir chez ceux qui vivront plus tard.

J'ai vu tout ce qui se fait sous le soleil et j'ai constaté que tout n'est que fumée et revient à poursuivre le vent.

145

Comble de l'inconsistance, ou *vanité des vanités*, ou *suprême absurdité*, ou *comble du passager* : littéralement *vapeur des vapeurs*, expression qui renvoie à un manque de substance, à quelque chose qui est sans valeur et **éphémère**.

***

La recherche de l'**intensité** serait devenue l'idéal de l'homme moderne. Pour celui-ci, la promesse d'un au-delà ne tient plus, et il ne lui reste donc que sa pauvre vie à enrichir, ce qu'il doit faire « à fond », sans relâche. Etre soi-même, le plus possible, en le ressentant vraiment, en tâchant d'augmenter ses sensations, comme si l'existence ne devait jamais cesser de s'électriser. Telle est la norme, l'injonction sociale et culturelle à laquelle, depuis le XVIIIe siècle, doit répondre celui qui ne veut pas s'anesthésier dans une vie morne, sans saveur ni ferveur.

La philosophie en est venue à construire un concept d'intensité et finit surtout par analyser l'état d'épuisement général qui semble être son seul dénouement. « S'en remettre à l'intensité seulement pour trouver une raison de vivre, c'est laisser sa vie et sa pensée à la fatigue existentielle.

(Tristan Garcia, philosophe : La vie intense – Une obsession moderne – 2016)

***

146

Ecrite, la merde ne sent pas.

(Roland Barthes, philosophe)

***

Je ne crois que mollement à une solution qui arriverait « par le bas » à base d'initiatives citoyennes, de collectifs entrant en « transition », etc. Je sais que c'est pénible à entendre, mais il faut accepter l'incroyable différence d'ordre de grandeur entre ce qui continue à aller de plus en plus mal et ce qui va un petit peu mieux. Sortons la tête du sable : non, la **révolution** écologique n'est pas – pas encore ! – en marche.

(Philippe Bihouix, essayiste)

***

En décembre 2015, les **inégalités** dans le monde n'ont jamais été aussi importantes. Selon une étude publiée début octobre 2015 par le Crédit suisse, la moitié de la richesse mondiale appartient aux 1 % les plus riches de la planète. Mais c'est quel montant pour être dans ces 1 % ? Selon la banque, il faut posséder un patrimoine de 655 900 euros. Pour être dans les 10 % les plus riches, il faut disposer de plus de 60 300 euros. Pour être dans les 50 % les plus riches, il faut détenir plus de 2 810 euros. Autant dire que la plupart des Français sont dans les 50 % les plus riches. Quant aux 312 000 foyers qui, en France, paient l'impôt sur la fortune, ce sont eux qui sont dans les 1 % - il faut disposer de plus de 800 000 euros de patrimoine pour payer cet impôt.

(« Silence » – décembre 2015)

***

Plus on va vers des lieux de **pouvoirs** importants, plus les élus locaux (500 000 actuellement) sont issus des catégories socioprofessionnelles élevées – cadres, professions intellectuelles… Actuellement, dans les communes de moins de 500 habitants, les élus agriculteurs sont majoritaires et les employés bien représentés, mais ensuite les professions supérieures prennent la tête, jusqu'à 93 % dans les communes de plus de 100 000 habitants. Le regroupement va donc favoriser ces dernières, avec les idées qui leur sont propres.

(Michel Koebel, sociologue – revue « Pouvoirs » - janvier 2014)

***

Quelle existence désolante je traîne sous ces climats absurdes et dans ces conditions insensées ! J'aurais, avec ces économies, un petit revenu assuré ; je pourrais me reposer un peu, après de longues années de souffrances ; et non seulement je ne puis rester un jour sans travail, mais je ne peux jouir de mon gain. Le Trésor ne prend ici que des dépôts sans intérêts et les maisons de commerce ne sont pas solides du tout !

Je ne puis pas vous donner une adresse en réponse à ceci, car j'ignore personnellement où je me serai trouvé entraîné prochainement, et par quelles routes, et pour où, et pour quoi, et comment !

Il est possible que les Anglais occupent prochainement le Harar ; et il se peut que j'y retourne. On pourrait faire là un petit commerce ; je pourrais peut-être y acheter des jardins et quelques plantations et essayer d'y vivre ainsi. Car les climats du Harar et de l'Abyssinie sont excellents, meilleurs que ceux de l'Europe, dont ils n'ont pas les hivers rigoureux ; et la vie y est pour rien, la nourriture bonne et l'air délicieux, tandis que le séjour sur les côtes de la mer Rouge énerve les gens les plus robustes ; et une année là vieillit les gens comme quatre ans ailleurs.

Ma vie ici est donc un réel cauchemar. Ne vous figurez pas que je la passe belle. Loin de là : j'ai même toujours vu qu'il est impossible de vivre plus péniblement que moi.

(...) Excusez-moi de vous détailler mes ennuis. Mais je vois que je vais atteindre les 30 ans (la moitié de la vie !) et je me suis fort fatigué à rouler le monde, sans résultat.

Pour vous, vous n'avez pas de ces mauvais rêves ; et j'aime à me représenter votre vie tranquille et vos opérations tranquilles. Qu'elles durent ainsi !

Quant à moi, je suis condamné à vivre longtemps encore, toujours peut-être, dans ces environs-ci, où je suis connu à présent, et où je trouverai toujours du travail ; tandis qu'en France, je serais un étranger, et je ne trouverais rien.

Enfin, espérons au mieux.

Salut prospère.

ARTHUR RIMBAUD

(lettre de Arthur Rimbaud à sa mère, à sa sœur et à son frère – Aden, le 5 mai 1884)

***

La muette poésie du monde entoure la pensée d'un voyageur solitaire et n'a besoin d'aucune phrase pour se faire entendre.

(Alain Jouffroy : Arthur Rimbaud – « Je suis dans les Gallas » – éd. du Rocher)

***

(…) Je suis excessivement fatigué. Je n'ai pas d'emploi à présent. J'ai peur de perdre le peu que j'ai. Figurez-vous que je porte continuellement dans ma ceinture seize mille et quelque cents francs d'or ; ça pèse une huitaine de kilos et ça me flanque la dysenterie.

Pourtant, je ne puis aller en Europe, pour bien des raisons ; d'abord, je mourrais en hiver ; ensuite, je suis trop habitué à la vie errante et gratuite ; enfin, je n'ai pas de position.

Je dois donc passer le reste de mes jours errant dans les fatigues et les privations, avec l'unique perspective de mourir à la peine.

Je ne resterai pas longtemps ici : je n'ai pas d'emploi et tout est trop cher. Par force, je devrai m'en retourner du côté du Soudan, de l'Abyssinie ou de l'Arabie. Peut-être irai-je à Zanzibar, d'où on peut faire de longs voyages en Afrique, et peut-être en Chine, au Japon, qui sait où ? (...)

(lettre de Arthur Rimbaud à sa mère et à sa sœur – 23 août 1887)

***

« Je me décidai donc immédiatement à aller à Ludwigsbourg par Cannstadt, au lieu d'aller à Stuttgart, afin de rencontrer le prince.

Léopold, 11 juillet 1763. »

(Mozart a 7 ans)

Cette petite phrase, si insignifiante en apparence, donne son juste éclairage aux conditions dans lesquelles voyage la famille **Mozart**. En réalité, cette randonnée glorieuse de l'enfant prodige à travers les capitales, telles que les biographes nous la racontent complaisamment l'un après l'autre, elle ressemble beaucoup plus à une tournée de forains, ou à l'itinéraire de ces comédiens ambulants que nous connaissons bien par Scaron et Molière. Ils ne sont attendus nulle part, ni invités par quiconque ; ils ne s'arrêtent que s'ils pensent trouver un public d'auditeurs « bienveillants » ; alors ils doivent attendre jusqu'à ce qu'on les autorise à présenter leur « numéro » ; ils doivent attendre ensuite, et non des honoraires fixes : un cadeau gracieusement accordé par quelque haut personnage, cadeau qui n'est souvent nullement en rapport avec leurs besoins vitaux ; et qui les indemnisera pour les trajets supplémentaires et les jours perdus ?

Telle est la situation des musiciens, descendants des trouvères du Moyen Age, quand ils ne jouissaient pas d'une immense réputation, ou quand, au contraire, ils ne sont pas enchaînés par une domesticité sédentaire.. On peut presque compter sur les doigts le nombre des célébrités musicales qui, en 1763, ont eu assez de gloire et de chance pour échapper à cet état subalterne. Mais ces exceptions ne changent rien encore au sort commun des autres – ce sort qui soulèvera, dans dix-huit ans, la révolte décisive de Mozart.

L'enfant ne s'est pas laissé éblouir, il n'a cessé de travailler, les fruits de la maturité ont passé la promesse des fleurs – et on sait quelle fut la fin : l'abandon du public, les railleries des confrères, la défaveur méprisante de presque tous les connaisseurs, la solitude et la misère croissantes, le rythme de la création ralenti, parfois arrêté par l'absence de commandes, la mort odieusement prématurée. (…) Le bambin qui transportait l'univers d'enthousiasme est devenu le premier des « poètes maudits » de l'âge moderne, le compositeur que quelques amis seuls prenaient encore au sérieux et qui n'a jamais pu, de son vivant, faire exécuter ses trois dernières *Symphonies.*

(…) Et comment se fait-il que, dans le catalogue de ses œuvres, s'en soient glissées d'assez nombreuses et d'assez considérables qui viennent des auteurs les plus différents les uns des autres – Eberlin ou Jean-Chrétien Bach, Michaël Haydn ou Paisiello – qu'on lui a attribuées sans hésitation depuis fort longtemps, et dont la liste n'est sans doute pas encore close ? Comment se fait-il que tant de gens tiennent pour l'un des chefs-d'œuvre les plus typiques de Mozart une composition qui est bien loin d'être toute entière de sa main : le *Requiem* ?

Petite cousine chérie, petit lièvre *(Bäsle-Häsle),*
(…) Vous m'écrivez encore, oui, vous témoignez, vous découvrez, vous signifiez, vous me faites savoir, vous me déclarez, vous mettez en pleine lumière, vous souhaitez, vous convoitez, vous désirez, vous voulez, vous tenez, vous commandez, vous m'insinuez, vous m'avertissez, vous me notifiez que j'aie, moi aussi, à mon tour, à vous envoyer mon portrait. Eh ! bien, je vais sûrement vous l'envoyer. Oui, par ma foi ! Je te chie sur le nez, ainsi que cela tombe sur le « Koi » *(?).* Avez-vous aussi fait le « Spuni Cuni » *(?)* ? – Quoi ? – Si vous avez encore quelque amour pour moi – ce que je crois… Allons, tant mieux, tant mieux, allons ! – Oui, cela va ainsi en ce monde, l'un a la bourse,

l'autre l'argent : auquel adhérez-vous ? – à moi, n'est-ce pas ? Je le crois ; maintenant encore de la colère. A propos, ne retournez-vous pas bientôt chez M. Goldschmidt ? – Mais qu'y faire ? – quoi ? – rien ! Demandez le « Spuni Cuni » fait, bien sûr ! D'ailleurs rien d'autre ! Vraiment rien ? – Bon bon, c'est bien. Vivent tous les-les-les-les comment cela s'appelle-t-il, du reste ? Je vous souhaite maintenant une bonne nuit, chiez dans votre lit à le faire éclater, dormez en bonne santé, tendez votre cul jusqu'à votre bouche ; je vais encore flâner et dormir un coup. Demain nous parlerons raisonnablement. J'ai beaucoup de choses à vous dire. Vous ne pouvez le croire, mais demain vous l'entendrez bien. En attendant, portez-vous bien ! Ah ! mon cul me brûle comme du feu ! Qu'est-ce que ça peut vouloir dire ? – Peut-être une crotte veut-elle sortir ? – Oui, oui, crotte, je te connais, je te vois et je te sens ! – Et – qu'est-ce que c'est ? – Est-ce possible ? – Mon oreille, ne me trompes-tu point ? – Non, c'est bien cela – quel long et triste son !

(…) Maintenant, au 2ᵉ. – Je vous prie, pourquoi pas ? je vous prie, petite crétine chérie, pourquoi pas, si vous écrivez à Madame Tavernier, à Munich, de bien vouloir faire *compliment* de ma part aux deux *Mademoiselles* Freysinger. Pourquoi pas ? *Curieux !* pourquoi pas ? – Et pour la plus jeune, Mlle Josepha, je lui demande bien pardon. Pourquoi ne devrais-je pas lui demander pardon ? – *Curieux !* – je ne sais vraiment pas pourquoi ! – Je lui demande bien pardon, parce que je ne lui ai pas encore envoyé la sonate promise, mais je l'enverrai dès que possible. –

Pourquoi pas ? quoi ? pourquoi pas ? – Pourquoi ne dois-je pas l'envoyer, pourquoi ne dois-je pas l'expédier ? Pourquoi pas ? *Curieux !* je ne sais pas pourquoi pas ! – Et ainsi vous me ferez ce plaisir ? Pourquoi pas ? *Curieux !* Et moi j'en fais autant pour vous si vous le voulez. Pourquoi pas ? Pourquoi ne le ferais-je pas pour vous ? *Curieux !* Pourquoi pas ? je ne sais pas pourquoi pas.

(…) Maintenant, il me faut vous raconter une triste histoire qui vient de se passer à l'instant, comme j'écrivais cette lettre. J'entends un bruit dans la rue. – Je m'arrête d'écrire – me lève – vais à la fenêtre – et n'entends plus rien. – Je me rassieds, je recommence à écrire – et voilà que j'entends à nouveau quelque chose. – Je me relève – et n'entends plus qu'un faible bruit. - Bref, passons – je sens alors une odeur de brûlé – partout où je vais, ça pue ; si je vais à la fenêtre, l'odeur se perd – si je rentre dans la pièce, l'odeur reprend. A la fin, ma maman me dit : « Qu'est-ce que je parie, que tu en as laissé échapper une ? » – « Je ne crois pas, maman. » – « Si, si, certainement. » – Je veux en avoir le cœur net, je fourre un doigt dans mon cul – puis sous mon nez, et – ecce probatum est : la maman avait raison.

Maintenant portez-vous bien. Je vous embrasse 10 000 fois et reste comme en tout temps votre vieux jeune Sauschwanz *(queue de truie)* Wolfgang Amadé Rosenkranz *(rosaire).* De nous deux, qui voyageons, mille compliments à monsieur mon oncle et à madame ma tante. A tous mes bons amis, salut pied *(Gruss-*

Fuss). Addio, crétine sorcière *(Fex-Hex)* 333 jusqu'au tombeau si je vis.

Miehnnam, ned 5 reboteo 7771 *(Mannhein, le 5 novembre – et non octobre ! – 1777).*

(Lettre de Mozart à sa cousine d'Augsbourg – 21 ans)

(Jean et Brigitte Massin, musicologues : Wolfgang Amadeus Mozart – Fayard)

***

- Un jour, c'est ton père et moi que tu tueras ! De chagrin !
- Eh bien, comme ça on retrouvera pas l'arme du crime !

Dans les situations critiques, quand tu parles fermement avec un calibre en pogne, personne ne conteste. Y'a des statistiques là-dessus.

(« Mélodie en sous-sol » – 1963)

Touche pas au grisbi, salope !

(« Les tontons flingueurs » – 1963)

Oh tu sais, quand on parle pognon, à partir d'un certain chiffre, tout le monde écoute.

(« Le Pacha » – 1968)

(phrases culte de Michel Audiard, dialoguiste)

***

Lorsque l'on fixe précisément, sans mouvement oculaire, pendant un temps assez long, en l'occurrence plusieurs dizaines de secondes, une image, les cellules de la rétine qui travaillent – essentiellement les cônes au centre et en haute lumière, les bâtonnets à la périphérie et en basse luminosité – sont toujours les mêmes et finissent donc par être saturées et ne parviennent plus à transmettre l'influx associé à la lumière. Si l'on supprime brutalement l'image de départ et que l'on porte son regard sur une plage uniforme, la surface rétinienne pourra transmettre normalement les couleurs, partout sauf en certains endroits où les cellules saturées par l'image fixe précédente ne pourront plus assurer une transmission optimale pour les couleurs qui y étaient présentes en ce point. En conséquence, nous allons percevoir en fond l'image complémentaire (forme et couleurs) de l'image originelle.

Et cette image est en fait interne à notre œil, nous pouvons tourner la tête dans n'importe quelle direction, nous l'observerons toujours. Cette image étant sur notre rétine, indépendamment de l'extérieur, plus la surface uniforme que nous observons sera lointaine, plus l'image fantôme nous paraîtra grande puisque c'est l'ouverture angulaire qui est conservée.

(Georges Charpak, physicien, et Henri Broch, physicien : Devenez sorciers, devenez savants – Odile Jacob)

***

Epigénétique !

C'est la première fois qu'une étude est menée chez des enfants – 40 garçons âgés de neuf ans. Des chercheurs de l'université du Michigan ont constaté que les télomères de ceux vivant dans des conditions difficiles étaient plus courts de 19 % par rapport à ceux des enfants issus de milieux favorisés. A l'inverse, les enfants dont la mère a fait des études supérieures ont des télomères 32 % plus longs, et ceux qui grandissent dans une famille stable ont des télomères 40 % plus longs que les enfants vivant dans une cellule familiale déstructurée. Or, des télomères courts, au fil du temps, altèrent les chromosomes et augmentent le risque de contracter des maladies liées à l'âge.

(« Science et Vie » – 2016)

***

Regardons la façon dont la tradition a représenté l'Eveil du Bouddha. Après avoir renoncé à l'ascétisme, le prince Siddhârta se rend seul au milieu d'une forêt, s'assoit sous un arbre et se livre à une pratique méditative basée sur l'attention à ce qui est ici et maintenant. Après avoir traversé un certain nombre d'états méditatifs, il vainc Mara, l'esprit tentateur, forme mythique des obstacles à la Libération, et atteste de son Eveil en touchant la terre du bout des doigts. C'est alors que des fleurs tombent du ciel, offertes par le dieu Brahma en guise de reconnaissance et d'invitation à enseigner.

Ces divers éléments offrent des pistes décisives à la question qui nous occupe. Tout d'abord, ils nous permettent de voir que le **bouddhisme** n'est ni athée, ni agnostique au sens strict. En effet, l'apparition de Brahma à la suite de l'Eveil signe la reconnaissance claire du divin. En outre, le fait que le dieu se manifeste écarte aussi l'agnosticisme qui plaide en faveur d'une forme radicale d'indifférence entre les plans des dieux et des hommes. La présence des dieux est donc reconnue par le bouddhisme. Toutefois, comme le signifie cet épisode inaugural, ce n'est pas par l'intermédiaire du dieu que le Bouddha s'éveille. En conséquence, le bouddhisme ne saurait être non plus une religion – si l'on entend sous ce terme l'ensemble des dogmes, pratiques, cultes… qui permettent d'intercéder auprès de la divinité en vue d'obtenir ses faveurs (dans le cas des religions populaires), ou bien le salut (dans le cas des formes religieuses plus spirituelles ou mystiques).

Mais alors, comment pourrions-nous qualifier le bouddhisme, s'il n'est ni religieux, ni athée ?

Lors d'un séminaire donné dans le Colorado en 1978, le maître Chögyam Trungpa présenta la voie du Bouddha comme un « Dharma – un enseignement – non-théiste ». Cela veut dire que si le bouddhisme ne récuse pas l'existence des dieux, il critique en revanche un rapport divin particulièrement nuisible à un chemin spirituel authentique et qui consiste, selon

Trungpa, à considérer Dieu comme une sorte de « babysitter cosmique ». Le véritable chemin de la Libération ne peut pas consister à se conformer à un ensemble de règles visant à plaire à la divinité en vue d'obtenir d'elle, si l'on est bien gentil, une place supposée dans un ailleurs hilare à l'abri du réel. Nous sommes seuls responsables de notre être et cette responsabilité se joue ici et maintenant.

La véritable question posée par le bouddhisme ne touche donc pas à l'existence de Dieu, mais à la nature du rapport que l'on entretient à lui.

(Alexis Lavis, agrégé de philosophie, spécialisé dans l'étude des courants de pensée orientaux – 2016)

***

La durée de vie d'un **électron** est d'au moins 66 000 yotas ans, soit 66 milliards de milliards de milliards d'années.

***

Cent pour cent des hommes ne veulent pas se marier. Raison évoquée : il n'est pas nécessaire d'investir dans une poissonnerie pour 20 grammes de moule et se farcir un thon. Mais de nos jours, 80 % des femmes sont contre le mariage : elles ont compris que, pour 100 grammes de saucisse, il était inutile d'acheter le porc entier !

***

La tragédie. Celle des deux millions de **réfugiés** auxquels l'ONU désespère de pouvoir donner un abri, faute d'un demi-milliard de dollars. Les personnes privées ne manquent pas qui les fourniraient sans que leur train de vie en soit en rien modifié. Par exemple, M. Donald Trump se vante de posséder dix milliards de dollars. Il en fait un argument électoral. Ayant déjà figure de favori, s'il se désistait du demi-milliard qui manque à l'ONU, certainement, pensez-vous, il serait élu. Naïfs que vous êtes, les même qui l'applaudissent pour ses dix milliards le prendraient alors pour un con.

Paul W. Tibbets, l'aviateur qui pilotait l'Enola Gay d'où fut larguée la bombe sur **Hiroshima**.

Dans les années 1970, en retraite de l'armée, il participa à des meetings aériens qui rassemblaient des dizaines de milliers de curieux. Il évoluait aux commandes d'un bombardier du même type, dans une ambiance de kermesse, et des comparses, au sol, faisaient exploser un baril qui produisait un grand champignon de fumée.

C'était comme à Hiroshima, mais sans radiations et on pouvait manger sans crainte ses popcorns.

(Delfeil de Ton, journaliste – mai 2016)

***

Il se pourrait bien que je l'aie violée. Je veux dire, elle était **consentante**, d'accord, mais elle ne voulait sans doute pas être consentante.

(Ben Brooks : La nuit, nous grandissons – éd. La Belle Colère – 2016)

**

L'omniprésente **propagande** du bien-être.

En nous intimant l'ordre de nous sentir bien dans notre peau, ce n'est pas tant notre bonheur qu'elle vise. Elle cherche surtout à nous faire adhérer au système de valeurs aujourd'hui dominant : le chacun-pour-soi, la compétition, le règne de l'image – si tu es bien dans ta peau, il faut que ça se voie ! – et à discréditer tout désir de transformation sociale.

Ainsi, sous prétexte de vivre pleinement sa vie, laquelle est forcément pleine d'aléas et d'imprévus, il faudrait accepter la précarisation du travail.

(Jean-Luc Porquet, journaliste – juin 2016)

**

La **passion**, et la passion dans ce qu'elle a de plus profond, n'exige pas une scène monumentale pour jouer son rôle. En bas, parmi les spectateurs du parterre, parmi les mendiants et les foules de poubelles, de profondes passions sont représentées. Et les circonstances qui les provoquent, aussi insignifiantes ou médiocres qu'elles soient, ne donnent pas la mesure de leur puissance.

Cependant, l'**innocence** complète d'un enfant n'est rien d'autre que sa parfaite ignorance, et cette innocence décroit plus ou moins à mesure que son intelligence croit. Or, chez Billy Budd, l'intelligence, telle qu'elle était, s'était développée, alors que sa simplicité d'esprit était restée pour l'essentiel intacte. L'expérience est certes une école ; mais, du fait de sa jeunesse, Billy avait peu d'expérience. De plus, il était entièrement dépourvu de cette connaissance intuitive du mal qui, chez les natures qui ne sont pas bonnes ou qui ne le sont pas entièrement, précède l'expérience, et qui en conséquence peut aussi appartenir, et dans certains cas appartient de toute évidence, à la jeunesse.

Qui peut tracer, dans l'arc-en-ciel, la ligne où finit la teinte violette et où commence la teinte orangée ? Nous voyons distinctement la différence des couleurs, mais où exactement la première commence-t-elle à pénétrer l'autre en se mêlant à elle ? Ainsi de la raison et de la déraison. Dans les cas prononcés, la question ne se pose pas. Mais dans certains cas prétendus, à des degrés divers prétendument moins prononcés, peu s'engageront à tracer la ligne de démarcation exacte, bien, que, contre rémunération, certains experts le fassent. Il n'est rien que certains hommes ne fassent ou ne s'engagent à faire contre **paiement**.

La vraie discipline martiale, quand elle est soutenue, induit dans l'homme ordinaire une sorte d'impulsion à la docilité dont la réponse à un commandement officiel ressemble beaucoup par sa promptitude à l'effet d'un **instinct**.

La **vérité**, dite sans concession, aura toujours des bords irréguliers.

Sur les navires à voiles du XVIIIe siècle, les **équipages** comptaient nombre d'enfants, parfois très jeunes – six, sept ou huit ans – qui travaillaient comme apprentis ou comme aides. D'après N.A.M. Rodger (« The wooden World – An anatomy of the georgian Navy » – Londres – Fontana Press – 1988, pages 68 et 69), ces enfants passaient le plus clair de leur temps à jouer.

(Herman Melville : Billy Budd matelot – éd. Amsterdam – 2004)

***

Une fois posées les fondations de la compassion et de la bienveillance, il faut évoquer la nécessité d'observer son esprit pour vaincre toute **passion** « qui serait nuisible à soi ou à autrui ». Les « passions » auxquelles il se réfère forment le terreau de l'existence ordinaire : envie, jalousie, colère, désir, attachement… La clé est l'identification à un « soi », et l'expression grossière de ces plis est le penchant naturel à organiser le monde autour de sa seule perception pour, croit-on, en avoir la maîtrise. Tuer, mentir, voler, imaginer qu'il existe une existence éternelle ou, au contraire, que toute vie s'arrête avec la mort physique, etc. sont autant de fautes dont les retombées spirituelles sont nocives pour soi, car elles enferment l'esprit, et pour autrui. En premier lieu, celui qui souhaite s'en libérer doit les reconnaître, et pour cela s'entraîner quotidiennement à pacifier son esprit grâce aux nombreuses techniques de méditation que le Bouddha a exposées. Une fois calmé l'incessant tourbillon de la pensée et des sensations, la nature première de l'esprit se dévoile naturellement.

(analyse des « Huit stances de l'entraînement de l'esprit » de Langri Thangpa par Laurent Deshayes, historien spécialiste du bouddhisme)

***

Dimanche 22 mai 2016 – dans la salle de bains.

Deux petits gars, à La Rochelle. Ils se brossent les dents, se font des bisous d'**amoureux**. Ils ont 15 et 16 ans. Beaucoup d'homos s'affichent ouvertement sur Periscope, lieu d'affirmation de soi, de revendication. On y défie les critiques en récoltant des bravos : « Qui est le passif ? », « Gay de merde », mais aussi « Mignons », « Respect les garçons, c'est beau de s'assumer ».

Lundi 23 mai 2016 – l'heure du « suppo » sur **Periscope**.

« Talya a décidé de lancer un débat classique : la virginité des filles et des garçons. « Bebouw », lui, est au volant, en quête d'essence, en pleine pénurie, tandis que « The Gary », un routier barbu, tue le temps en direct : il est bloqué avec son camion à Saint-Pierre-des-Corps. D'un visage à l'autre, de Lille à Lyon, des intérieurs interchangeables, parkings et immeubles en béton, habitacles de voiture en similicuir... et un même ennui à combler. Vertige d'être partout et d'y contempler le même nulle part. Un visage d'enfant surgit en gros plan. Il a des joues rondes de môme et une petite voix intimidée. « J'ai 11 ans ». Il a innocemment indiqué son nom, Jean D. Jean fait un « Péri » dans l'intimité de sa chambre. Un petit chaperon rouge lâché parmi les loups. Com' : « T'as déjà ken ? », « C'est l'heure du suppo. » Des jeunes femmes inquiètes volent à son secours. « Lis pas les insultes, loulou, bloque-les », « C'est un petit, laissez-le. Ne reste pas ici, c'est dangereux pour les enfants. » Voix d'adulte étouffée. Son papa l'appelle de loin, sans doute inconscient de ce qui se joue à deux pas. Jean quitte à regret. Il chuchote : « Tchao, bisou. »

(« NouvelObs » – juin 2016)

***

09 juillet 1916.

« Mon bon patron… (…) Nous ne mangeons que d'une dent, nous ne dormons que d'un œil, nous ne nous asseyons que d'une fesse… Malgré tout, j'arrive encore à penser à « nos » affaires – et je crois que je ne pense pas trop mal ! Ça recommence encore ce soir – et les convois de blessés, les convois de munitions et les convois de **prisonniers** nous serrent le cœur chacun à leur manière (…).

Il y a des Arabes, des Malgaches, des Sénégalais, des spahis à côté de moi – ils font une cuisine bizarre – ils chantent des mélopées étranges – ils sont toujours joyeux – ils jouent toute la journée au loto – et, comme ils n'ont pas de pions, ils marquent avec des pincées de terre qu'ils prennent à même autour d'eux !

Il y a des prisonniers qui « mendient » le pain, qui ramassent les croûtes de pain jetées, qui mendient de l'eau. Il y a la foule des soldats autour d'eux avec les psychologies habituelles que vous devinez, depuis le sentimental jusqu'au surboche – ce sont tous des hommes, des petits hommes – comme nous sommes tous plus ou moins quand nous ne sommes que « nous », nous tout seuls… tout simplement.

Et j'absorbe tout cela, je regarde, j'écoute, je vois, je m'imbibe comme une éponge de toute cette quotidienneté, de cette banalité, de cette vie quotidienne – vue à la loupe – vue au stéréoscope – et je n'aurai qu'à me pressurer, vous n'aurez qu'à me presser un peu du doigt pour en extraire ce que vous voudrez dans la joie – dans le comique – dans la satire

– dans la haine même – la vraie haine – la haine en soi – mais hors de soi – ou dans la tristesse – dans la douleur – dans la tristesse quotidienne, banale – dans la tristesse qui va du grave au doux, à l'aigu et au déchirant – depuis la tristesse qui asphyxie – qui vous asphyxie – jusqu'à celle qui vous foudroie.

Adieu, je vous embrasse de tout mon cœur – comme je prie pour vous.

Votre L. Jouvet. »

(Jacques Copeau, comédien, et Louis Jouvet, comédien et metteur en scène : Correspondance. 1911-1949 – édition établie et annotée par Olivier Rony – Gallimard)

***

Pourquoi deux **horloges** accrochées au mur côte à côte finissent-elles, après quelques dizaines de minutes, par synchroniser leur balancier en opposition de phase ? Elles se synchronisent via les ondes sonores (*solitons*) générées par les clics de leurs systèmes à échappement et échangées à travers le mur. Chacune perturbe microscopiquement la mécanique de l'autre jusqu'à ce que leur effet se compense exactement quand les balanciers adoptent un mouvement opposé. Une réponse issue de la théorie du chaos… !

(juin 2016)

***

168

Les **24 Heures du Mans**.

L'endurance s'apparente pour moi à un sprint de qualité, qui doit durer, conserver un rythme élevé malgré de nombreux paramètres changeants auxquels il faut veiller sans cesse pour réagir. Il s'agit à la fois de surveiller sa voiture, ses performances ou ses petits soucis, ses pneumatiques, ses adversaires en piste, les concurrents plus lents, la météo, le circuit, tout en résistant à la température du cockpit – plus de 45 °C –, en encaissant les G lors des virages, en s'adaptant au manque de visibilité, la nuit, en se concentrant sur son pilotage, ses freinages, les passages de vitesse adaptés, les conversations radio avec les ingénieurs… Le stress est constant. Il faut être affûté physiquement et mentalement. Il faut être fort physiquement, mais sans trop de muscles, sinon c'est du poids. La course à pied, c'est bien pour le cardio, le VTT pour l'effort et l'agilité, la natation pour la respiration et l'apnée, notamment quand on doit retenir son souffle en virage ou dans les freinages en raison des G… !

Au Mans, la course est longue, mais la semaine surtout est fatigante. On est souvent debout, on marche beaucoup. Il est nécessaire de penser à s'hydrater. Dans la voiture, on transpire beaucoup, on perd 0,5 litre par relais, mais il faut être vigilant sur notre température pour ne pas tomber malade, garder de la lucidité et éviter les crampes. Elles sont le pire ennemi du pilote. On enregistre aussi des pics de pulsation cardiaque importants. En moyenne, un pilote ne descend pas sous les 150 pulsations en course. Voilà pourquoi nous devons atteindre ces zones en entraînement. En compétition, certaines phases sont plus critiques, comme le départ, un dépassement, un arrêt au stand... Il y a quelques années, dans le championnat allemand, on avait fait un test avec un pilote plus jeune de dix ans. Au départ, son pouls était de 190-200. En course, j'étais à 166, lui à 175. Les battements de mon cœur rythmaient ma course. Dans un tour, je vérifiais que je pouvais me détendre, souffler dans la ligne droite. Quand je n'étais pas au volant, je prenais une douche, je mangeais un peu, je discutais avec le docteur, le physio. Avant de monter en voiture, pour être tout de suite efficace, je m'échauffais pour monter en fréquence cardio, en température, en acuité visuelle, notamment la nuit, pour ne pas être surpris par les changements de luminosité. Dans les garages, on faisait du vélo, on sautait. J'écoutais à la radio de bord toutes les conversations et j'échangeais avec les ingénieurs pour avoir les derniers détails sur ma voiture.

(Tom Kristensen, pilote automobile)

***

On pouvait déjà mettre toute sa vie sur les réseaux sociaux, on peut désormais y gérer sa **mort**. Ou plus exactement choisir comment nos données personnelles (photos, textes, etc.) nous survivront. La France est l'un des premiers pays à prendre ce type de disposition. En clair, chaque plateforme (Facebook, Twitter, Instagram, Gmail et autres Snapchat) devra permettre à ses utilisateurs de choisir le devenir de leurs données : les effacer, les laisser en ligne ou encore léguer ce choix à un tiers désigné. A défaut, la charge en reviendra aux héritiers. Seul Facebook permettait déjà, depuis début 2015, de désigner un « contact légataire ». Il faut dire que le besoin est réel : les utilisateurs de Facebook, justement, sont certes jeunes (22 ans en moyenne) mais vu leur grand nombre (plus de 1,5 milliard dans le monde), les décès sont fréquents : plusieurs milliers chaque jour !

(juin 2016)

***

Marlène Dietrich dans « L'impératrice rouge ».

Il me fallut bien des années avant de me rendre compte qu'elle avait marqué cette scène (l'inspection de sa garde personnelle, avec sa grande toque de casaque en vison) de son empreinte personnelle d'érotisme bisexuel. Les cheveux lissés en arrière, dissimulés sous cette célèbre toque, elle avait le visage d'un superbe jeune garçon. La scène muette de l'audacieux regard plongeant en devient d'autant plus admirable. Que ma mère n'ait pas été consciente de ce qu'elle faisait m'a toujours éberluée. Pendant de nombreuses années, j'ai eu du mal à le croire. Elle devait bien savoir ce qu'elle faisait, ce n'était pas possible autrement. Ce visage innocent de jeune garçon qui guette les érections inévitables : ce n'était pas le fruit du hasard, elle avait dû le prévoir ! Mais non ! Quand, des années plus tard, je me décidai enfin à lui poser la question, ma mère me répondit : « Tu plaisantes, sans doute ! Que veux-tu dire ? Je jouais la grande Catherine. Quel rapport avec un visage de jeune garçon ? Tu ne peux pas porter une toque de fourrure comme ça par-dessus des boucles féminines, cela aurait l'air ridicule à l'écran. Alors je me suis débarrassée des cheveux, c'est tout... Et c'était merveilleux visuellement. »

Pourtant, par son allure, Dietrich symbolisa l'ambiguïté sexuelle bien avant qu'elle ne devienne une chose admise. Comme d'habitude, elle ne s'en était pas aperçue ! Avec Dietrich, les prodiges s'accomplissaient tout naturellement.

(Maria Riva, biographe : Marlène Dietrich)

***

Financés par le gouvernement canadien et administrés par des Eglises, 139 « **pensionnats indiens** » ont séparé plus de 150 000 enfants de leur milieu d'origine entre 1870 et 1996. Coupant les petits autochtones de leurs foyers et de leurs traditions, ce système voulait faire disparaître les cultures amérindiennes et intégrer leurs membres à la culture coloniale dominante. Vouées à la scolarisation, l'évangélisation et l'assimilation des enfants, ces institutions visaient ainsi à « tuer l'Indien en eux ». Elles ont en outre été le cadre de diverses maltraitances ou abus sexuels. Et sur la période, environ 4 000 élèves y seraient morts... D'où les plaintes lancées, dès les années 1990, contre le gouvernement fédéral et ces congrégations par des milliers de victimes. Pour faire la lumière sur ces pensionnats, une commission de vérité et réconciliation (CVR) a été créée en 2009. Remises à la CVR par l'Eglise anglicane du Canada, plus de 300 000 pages de documents numériques les concernant sont désormais accessibles. Ces archives serviront à déterminer combien de jeunes y sont morts, ainsi qu'à traiter les demandes des survivants et des familles. En 2008, la majorité des Eglises responsables ont présenté des excuses publiques pour la négligence, les violences et les souffrances régnant dans ces établissements.

(janvier 2016)

***

Le **forçage génétique** (*gene drive*, en anglais).

Il est tout droit issu d'une trouvaille récente en microbiologie, Crispr-Cas9 (on abrège en disant « crispeur »). Ces « ciseaux moléculaires » permettent à l'homme d'intervenir au fin fond du vivant avec une incroyable facilité, en couplant l'ADN exactement là où on le désire, ciblant ainsi un gène pour le modifier, le réparer et même le remplacer par un autre. Une fois effectuée cette substitution très facile et peu coûteuse – il suffit de quelques mois et environ 1 000 euros de produits de base –, on obtient un mutant qu'il suffit de lâcher dans la nature pour déclencher le fameux forçage : la mutation va en effet se répandre comme une traînée de poudre.

Alors que, dans la reproduction sexuée, un parent ne transmet que la moitié de ses gènes à son enfant, ici la transmission se fait à tous les coups : 100 % des descendants d'un moustique dans lequel on aura introduit un gène de résistance à la malaria seront résistants à leur tour et transmettront cette résistance à tous leurs descendants. En théorie, si l'on introduit 10 individus ainsi mutés dans une population naturelle de 100 000 individus, il suffirait d'une quinzaine de générations pour que 99 % des individus aient muté à leur tour – pas sûr que la nature respecte à l'unité près la théorie... Levures, moustiques, mouches, cellules humaines, etc. : le forçage marche sur toutes les espèces. Il offre à l'homme un pouvoir de domestication de la totalité du vivant, excepté les bactéries. Entre autres, celui de rayer de la carte une espèce entière, en refilant un gène de stérilité à quelques individus...

On imagine les utilisations guerrières qui pourraient en être faites. Mais il y a un autre risque... Si ces mutations – et toutes les autres à venir – se répandaient dans d'autres populations que celles qui étaient ciblées ? Si elles se mettaient à gambader sur la Terre transformée en laboratoire à ciel ouvert ?...

(« Le Canard enchaîné » – 20 juin 2016)

***

174

Le verbe « aimer » est difficile à conjuguer : son passé n'est pas simple, son présent n'est qu'indicatif et son futur est toujours conditionnel.

(Jean Cocteau)

***

Il s'appelle Donald Cabana. Front dégarni, lunettes, chemise grise et gilet rouge, il est lourdement assis dans un fauteuil. Au mur, deux diplômes. Jamais l'ancien directeur du pénitencier de Floride ne regarde la caméra. Pour seul geste, il enroule nerveusement le fil blanc d'un téléphone entre ses doigts. Cet homme a procédé quatre fois à l'exécution d'un autre homme. Le visage fermé et d'une voix sans timbre, il raconte...

« La **chambre à gaz**, croyez-le ou non, comme instrument de mort c'est pire que la chaise électrique. Physiquement, les détenus ont une apparence ravagée avec la chaise mais au moins, si elle fonctionne bien, c'est assez rapide. Le travail est fait. Alors que la chambre à gaz prend du temps. Quatre minutes parfois pour tuer quelqu'un. Et souvent les détenus restent conscients jusqu'au bout. Lorsque je faisais des exécutions avec la chambre à gaz, je conseillais les détenus. Je leur disais : « Regarde-moi du coin de l'œil. Quand tu vois que j'ai donné l'ordre

175

d'enclencher la manette et que les gaz se dispersent, je te ferai un signal, et là tu respires un grand coup, comme ça ce sera fini. » Mais le problème, c'est que la nature humaine étant ce qu'elle est, la lutte pour survivre les amène toujours à retenir leur respiration. En général, ils ont 25 ans, sont plutôt du genre costaud. Alors c'est l'horreur, très douloureux et très lent. Parfois aussi, les éléments chimiques ne sont pas bien dosés et il n'y a pas assez de gaz pour rendre la personne inconsciente et la tuer. Ensuite, on doit rester sur place à ne rien faire pendant dix minutes, pour être sûr d'ouvrir la chambre à gaz sans danger. Les officiers entrent alors avec un simple tuyau d'arrosage. Ils détachent le détenu de sa chaise, le déshabillent, mettent ses vêtements dans un sac qui sera brûlé et lavent le corps le mieux possible pour retirer le plus de cyanure. C'est une expérience assez sombre durant laquelle tout le monde est appelé à méditer. Après, quand j'arrive chez moi, je prends ma douche et je me frotte jusqu'à ce que j'aie l'impression d'être propre à nouveau. En général, c'est là que cela me prend, que je réalise ce que je viens de faire. Pendant que tout le reste de la ville dormait, moi j'ai exécuté quelqu'un et, dans quelques heures, il fera jour. Tout le monde va se lever et aller au travail, à l'école. Sont-ils vraiment plus en sécurité parce que j'ai tué quelqu'un pour eux au milieu de la nuit ?... »

(docu. « Les exécutants » de Jean-Paul Dubois, écrivain – France 2 – samedi 30 septembre 2002)

***

La **vitesse de la lumière**.

Lorsqu'il envoie, le 30 juin 1905, son manuscrit à la revue allemande « Analem der Physik », Albert Einstein a conscience d'avoir fait « un grand pas ». A 26 ans, ce modeste employé du Bureau des brevets de Berne, en Suisse, n'est plus un inconnu. En mars, il a remis en cause le caractère ondulatoire de la lumière. En mai, il a expliqué que des grains de pollen, plongés dans un liquide, virevoltaient sans cesse à cause de l'agitation thermique des molécules du liquide. Einstein se consacre dès lors à la question qui l'obsède depuis dix ans : « Peut-on courir après un rayon lumineux et le rattraper ? » Et dans ce cas, que verrait-on ? Sa réponse va bouleverser notre vision du monde.

Maxwell, un demi-siècle auparavant, avait montré que la lumière était une onde électromagnétique qui avançait à environ 300 000 km/s. Mais par rapport à quoi ? Il ne le précisait pas, comme si cette vitesse avait un caractère absolu.

Or Galilée, quatre siècles plus tôt, avait souligné le caractère relatif de toute vitesse. Ce qui peut se traduire ainsi : si un voyageur marche à 5 km/h dans un train qui avance à 100 km/h, sa vitesse par rapport au quai est de 100 + 5 = 105 km/h.

D'un autre principe-clé découlait qu'un voyageur assis derrière des rideaux fermés ne peut savoir si le train est immobile ou roule à vitesse constante par rapport au quai. S'il lâchait un objet, il le verrait dans les deux cas tomber à la verticale. Les physiciens appelaient « repère galiléen » tout système de mesure en mouvement rectiligne uniforme, et ils postulaient que les lois de la physique, exprimées dans n'importe lequel de ces repères, gardaient la même forme. Mais « rectiligne uniforme » par rapport à quoi ? Existait-il un espace immobile qui pourrait servir de repère absolu ? Depuis, Newton, on en était convaincu. Comment le mettre en évidence ? Grâce à la lumière. Puisqu'elle était une onde, il lui fallait un support pour se propager. Une substance immobile, ou « éther », supposée emplir l'espace et que les objets traversaient, y compris la Terre autour du Soleil. La vitesse d'un rayon lumineux par rapport à l'éther devait donc être plus ou moins grande selon qu'on la mesurait dans le sens du déplacement de la Terre ou dans l'autre, puisqu'à cette vitesse s'ajoutait, ou se retranchait, celle de la Terre. Beaucoup s'échinaient à détecter cet infime décalage. En vain.

Selon Einstein, si tous avaient échoué, c'était parce que la lumière se déplaçait toujours à la même vitesse, quelque soit le repère galiléen. En ajoutant la vitesse de la lumière à celle de la Terre, on obtiendrait toujours... la vitesse de la lumière. Impossible ?...

C'est là qu'Einstein va avoir une idée de génie. Il comprend que la distance parcourue durant une seconde par le voyageur qui marche dans le train n'est pas la même suivant qu'elle est mesurée dans le train ou sur le quai. *La clé réside dans l'acte de mesure lui-même !*

Pour mesurer une longueur, à l'intérieur du train, depuis le quai, il faut noter, sur une règle disposée sur les rails, à quelles graduations ses deux extrémités correspondent en un même instant. Donc il faut avoir pu s'échanger un signal – lumineux, par exemple – entre les deux événements. Que se passe-t-il si ce signal se déplace toujours à une même vitesse finie ? Calculs à l'appui, Einstein démontre que deux événements simultanés dans le train se dérouleront avec un léger décalage s'ils sont observés des rails, le signal ne mettant pas, à cause du mouvement du train, le même temps pour parvenir à l'observateur. L'horloge à bord du train ne bat donc plus au même rythme que celle des rails. Et la mesure des longueurs en est modifiée puisqu'elle s'appuie sur la simultanéité.

***

Faire le bien en se faisant du bien, est-ce encore faire le bien ?

***

Selon les données du Réseau de transport de l'électricité (RTE), nos pics de consommation électrique nécessitent actuellement une puissance de l'ordre de 67 Gw.

La production française atteint 25 GW pour l'énergie hydraulique, 7 GW pour le charbon, 9 GW pour le fioul et 11 GW pour le gaz, soit une total de 52 Gw. D'autre part, le réseau de transport électrique peut importer 11 GW supplémentaires, ce qui nous permet de couvrir une demande de 63 Gw. Il ne manque donc qu'environ 4 GW qui peuvent être couverts par l'économie, en réduisant la consommation de 6 % seulement ou par la production éolienne et solaire.

Un arrêt du **nucléaire** en quelques semaines est donc bien possible.

(« Silence » – mars 2016)

***

Pas moins de 440 mineurs de **Palestine** sont actuellement retenus en détention militaire par Israël, le chiffre le plus haut depuis que des statistiques existent. Fin décembre 2015, 1 126 enfants âgés de 12 à 15 ans étaient aussi dans ce cas, soit onze fois plus que l'année précédente.

Sur 429 témoignages recueillis par l'ONG entre 2012 et 2015, dans 97 % des cas, aucun parent, aucun avocat ne fut présent durant les interrogatoires. Pire : les enfants font régulièrement l'objet de mauvais traitements et de tortures, comme Abdel, qui avait 14 ans à l'époque de son arrestation, qui se rappelle qu'il fut enchaîné à un mur, ses pieds touchant à peine le sol, pendant que les soldats lui portaient des coups sur le corps.

(« Silence » – Agence Médias Palestine – été 2016)

***

En **Afrique**.

Au Toto, les Gnassingbé sont au pouvoir depuis 1967.

Au Gabon, les Bongo sont au pouvoir depuis 1967.

En Angola, Josué Eduardo dos Santos est au pouvoir depuis 1979.

La Guinée équatoriale est dirigée par Teodoro Obiang depuis 1979.

Le Cameroun est sous la coupe de Paul Biya depuis 1982.

L'Ouganda sous celle de Yoweri Museveni depuis 1986.

Le Zimbabwe sous celle de Robert Mugabe depuis 1987.

Le Soudan sous celle d'Omar El-Béchir depuis 1989.

Le Tchad sous celle d'Idriss Déby depuis 1990.

L'Erythrée sous celle d'Issayas Afeworki depuis 1993.

La Gambie sous celle de Yahya Jammeh depuis 1994.

La République démocratique du Congo sous celle des Kabila depuis 1997.

Le record restant toutefois au Maroc dont la famille de l'actuel roi est au pouvoir depuis 1631 !

(« Silence » – été 2016)

***

Le droit romain connaissait la *res communis*, la « chose commune ». La **propriété privée** est une invention inouïe des juristes romains et des théologiens médiévaux, aux XIIe et XIIIe siècles, qui consiste à étendre la relation maître-esclave à une relation homme-chose. Elle scelle un droit absolu : droit à l'usage (l'*usus*), droit de vente (l'*abusus*), droit de tirer profit (le *fructus*)... Les communs, eux, nous obligent à distinguer ces piliers de la propriété privée, à privilégier l'*usus* et à rendre négociable tout le reste.

(David Graeber, anthropologue - 2016*)*

***

La Révolution culturelle de **Mao Tsé-toung** en 1966.

A Wuxuan, dans des campagnes isolées de la province du Guangxi, la barbarie a atteint des sommets : les cœurs, foies et parties génitales de victimes ont été découpés et cuits avant d'être consommés par leurs tortionnaires. Au moins 38 personnes ont été victimes de cannibalisme organisé. Des gens ont été décapités, battus à mort, enterrés vivants, lapidés, noyés, ébouillantés, massacrés en groupe, vidés de leurs entrailles, explosés à la dynamite. Toutes les méthodes ont été utilisées.

En 1968, un professeur de géographie du collège local est battu à mort par ses élèves. Son corps est traîné près de la rivière Qian où un autre professeur est contraint, sous la menace d'une arme, d'en retirer le cœur et le foie. Les organes sont rapportés à l'école où ils sont cuits au barbecue et mangés par les adolescents. L'établissement scolaire a été depuis déplacé et reconstruit.

(AFP)

***

On voudrait d'ailleurs les entendre, les hommes, et pas seulement et peut-être même surtout pas les intellectuels de service. Tous les hommes : les ouvriers, employés, coursiers, cadres, cheminots, paysans, geeks, avocats. Pour l'instant, ils se tiennent à carreau, ils la ferment. Dans l'espace public en tout cas. Ils doivent sentir qu'il n'y a que des coups à prendre, sauf à soutenir sans réserve le mouvement anti porcin. S'ils expriment des réserves, on désignera le cochon qui est en eux.

Dans l'immédiat, comme dans toute révolution, on est à l'abattoir – un abattoir virtuel, certes. Sur le réseau, l'accusé est un diable qui n'a aucun droit à la défense. Les liquidatrices de porc, les MeToo, semblent aussi sûres d'elles-mêmes et de leur bon droit que les bolchéviques à la grande époque. Elles se sentent dans le vent de l'Histoire et du progrès. Elles envoient en enfer toute tentative de nuancer, de distancier, d'exprimer un désaccord. Leur rhétorique est celle de la colère et de l'exclusion.

(Philippe Lançon – « Charlie Hebdo » – 2018)

***

Facebook.
L'accumulation des données personnelles des consommateurs, la *money machine*, lui permet d'afficher des résultats époustouflants : 13 milliards d'euros de bénéfices attendus en 2017. Soit 50 % de croissance en un an ! Cette valorisation (423 milliards d'euros) qui a doublé depuis 2015 fait du PDG de 33 ans le cinquième homme le plus riche du monde, avec une fortune personnelle estimée par Forbes à 58 milliards d'euros.

Avec 14 % des parts, le fondateur, fils d'un psychiatre, garde le contrôle absolu grâce à un mécanisme d'actions privilégiées.

Il est le deuxième philanthrope de la planète avec son épouse, la pédiatre Priscilla Chan (1,5 milliard d'euros de dons à leur fondation en 2017 – de l'argent piqué aux clients, et finalement ce sont eux les distributeurs de cet argent et non pas lui qui s'achète une bonne image à bon compte sur le dos des autres), derrière Bill Gates.

(« Le Monde » – février 2018)

***

Chez **Sephora**, les vendeuses, équipées de tablettes, sont informées en direct de l'historique des recherches et des achats de leurs interlocutrices.

(Elodie Huré, professeure à Rennes School of Business – 2018)

***

La **gestation pour autrui** (GPA)

On observe une étrange complaisance à l'égard de ce que l'on nomme abusivement une « technique », alors que la maternité de substitution est une « pratique sociale » qui consiste à louer la vie d'une femme, jour et nuit, pendant neuf mois. Pour lui donner un aspect altruiste, on l'appelle gestation pour autrui. Cette femme accouchera d'un enfant qu'elle remettra dès sa naissance, et moyennant paiement, à ses « parents contractuels ».

Il s'agit d'un marché procréatif mondialisé en pleine expansion, sous la pression de tous ceux qui trouvent un intérêt financier important dans cette affaire : cliniques, médecins, avocats, agences de « mères porteuses », plus l'intérêt subjectif de ceux que les agences appellent sans vergogne les « clients » et qui désirent un enfant à tout prix.

(collectif dans « Le Monde » – janvier 2018)

***

La ville antique rassemble une population déjà découpée socialement – élites gouvernantes/dominés – avec des spécialistes – producteurs, artisans, marchands, administratifs, etc. L'élite vit dans des résidences spécifiques, les palais. Des constructions d'envergure – enceinte, fortifications, portes monumentales – délimitent la ville tandis que des bâtiments de prestige à usage religieux ou institutionnel contribuent à la cohésion identitaire et à l'« ordre social ». Les puissants contrôlent les échanges à moyenne ou longue distance, les villes fonctionnant en réseau.

Toutes ces émergences sont plus ou moins liées à de rapides accélérations vers une pyramide sociale renforcée et la nécessité pour le « souverain » de mobiliser à son service une administration – pour collecter l'impôt –, une police – pour maintenir l'ordre –, un clergé – pour gérer le spirituel –, le tout pour accroître sa domination. Le phénomène urbain éclot lorsque s'agrègent plusieurs de ces facteurs faisant système. Il faut donc arriver à une certaine organisation sociale, résultat d'un long travail de fermentation… des germes de l'inégalité entre humains.

(Jean Guilaine : Les chemins de la protohistoire - Quand l'Occident s'éveillait (7000-2000 avant notre ère))

***

Blaise Pascal comparait la politique à un « hôpital de fous ». Selon lui la **folie** est une maladie de l'imagination qui consiste à confondre le signe et la chose. Si la politique est son lieu de prédilection, c'est en raison du décorum dont elle est faite. On y pratique tellement la génuflexion que celui devant qui on s'agenouille finit par se convaincre que seul son « génie » explique ces égards. Toute folie étant une folie des grandeurs, le « roi » devient fou dès lors qu'il confond sa grandeur d'établissement – celle que lui prêtent les institutions et les courtisans – avec sa grandeur naturelle. Le délire réside dans cette passion identitaire qui convainc le chef qu'il est ce que le monde dit qu'il est. Celui qui exerce le pouvoir est spontanément tenté de se juger lui-même à l'aune des attributs du pouvoir.

(Michaël Foessel, philosophe – 2018)

***

Camille Saint-Saëns (1835 - 1921 Alger).

Il voulait qu'on l'appelle Charles.

Ce n'était pas un artiste commode : il était outrancièrement patriote, haineusement critique avec tout ce qui pouvait passer pour du modernisme. Pour lui, le savoir-faire était toujours supérieur aux larmes et aux joies de l'artiste.

Il eut une carrière particulièrement longue. Au piano à deux ans et demi. A six, il compose. A dix et demi, il donne son premier concert public. Génie du piano, il effectuera une éprouvante carrière de soliste international. Organiste, pianiste virtuose, recalé deux fois au Prix de Rome, compositeur d'une œuvre immense (dont 14 opéras !), membre puis président de l'Académie des Beaux-arts, ce fut un monsieur important.

Après avoir vécu 40 ans avec sa mère (!), il épousa une toute jeune fille qu'il abandonna brusquement au bout de six ans de mariage – il lui reprochait d'avoir négligé la surveillance de leur fils qui s'était tué en tombant par une fenêtre de leur appartement, à Paris. Par un beau jour d'été, en Auvergne, il planta sa femme sans crier gare dans un hôtel de La Bourboule et ne la revit plus jamais ! Il lui assura par hommes de loi interposés une pension perpétuelle. Il disparut alors au Maroc pendant quelque temps... A Paris, on le croyait interné dans un asile !

Il aimait l'incognito et son orientation sexuelle est restée floue... Il se déplaçait à l'occasion sous les habits d'un marchand de tapis, séjournait aux Canaries sous un faux nom, proposant ses services comme timbalier dans un orchestre d'amateurs qui ne savaient pas quel grand maître se cachait parmi eux !

Concernant *Le carnaval des animaux*, il en interdit la publication et l'exécution de son vivant. A y regarder de près, il est clair qu'il s'y est vengé de tout ce qu'il était et de tout ce qu'il aimait, et d'abord de la musique « classique ». S'il n'autorisa pas la diffusion anthume de cette suite, ce fut pour éviter de nuire à son image de monsieur sérieux, membre de l'Institut, mais plus profondément parce qu'elle représentait la transgression honteuse d'un surmoi chargé mais qui se fendillait périodiquement.

(Jacques Bonnaure – « Classica » – octobre 2016)

***

Dans environ 200 écoles allemandes, les enfants **hyperactifs** ou atteints de troubles du déficit de l'attention sont invités, plus ou moins fermement, à revêtir une veste lestée de 1,2 à 6 kilos de sable. « Cela aide à se concentrer », estime une mère d'élève un peu sadique. Pédagogues et psys débattent gravement du sujet qui divise le pays.

(« Libération » – 25 janvier 2018)

***

Honoré de Balzac.

Pour échapper à ses créanciers, après des affaires calamiteuses dans l'édition et le journalisme, l'homme des expédients les plus invraisemblables a déménagé une dizaine de fois. A Chaillot, alors colline agreste, il se cachait sous le nom de la « Veuve Durand », imposant des mots de passe à ses amis visiteurs.

(Eric Hazan : Balzac, Paris – éd. La Fabrique)

***

Confrontée à une forte demande, la majorité des diocèses de France dispose d'un prêtre **exorciste**. Mais les bonnes traditions se perdent, car la plupart des demandes se règlent paraît-il sans le rite des prières de délivrance du diable.

(« La Croix » – 26 janvier 2018)

***

Chaque société a besoin d'un grand récit pour justifier ses **inégalités**. Dans les sociétés contemporaines, il s'agit du récit méritocratique : l'inégalité moderne est juste car elle découle d'un processus librement choisi où chacun a les mêmes chances.
Le problème est qu'il y a un gouffre béant entre les proclamations méritocratiques officielles et la réalité.

(Thomas Piketty – « Le Monde » – 12 février 2018)

***

Et alors dans ma chambre s'étiraient ces interminables et délicieuses plages d'**ennui**, ces heures de vide que mes parents ne comblaient pas d'activités extrascolaires, ni de télévision. Avec le recul, je me rends compte du privilège de ces moments où l'on sent presque pousser ses os. On mesure, dans la lenteur du rêve et l'épaisseur du silence, la densité du temps qui s'écoule. Les heures d'ennui de l'enfance sont les jardins du temps, bêchés d'exaspération, labourés d'éternités ralenties, hantés de futurs lointains… J'y vagabondais, le corps prisonnier de ma chambre et des mercredis, l'hiver. J'y élaborais mes désirs et des images. Je me précisais, je m'apprenais par cœur et surtout, j'établissais d'inépuisables plans d'évasion.

On se souvient abstraitement qu'on a eu **mal** ; on ne se rappelle pas concrètement comment on a eu mal.

Je trouvais magnifique de porter à mon tour ces **blessures** aux genoux ou aux coudes, cette géographie de croûtes brunes qui disent, comme une rosette au revers d'une veste, les exploits inouïs et les aptitudes aux envols de l'enfance : sauts dans les ruisseaux, cavalcades dans les ruelles, décollages sur planches à roulettes ou envols dans la mâture des grands platanes. Le « bobo » fleurit aux membres comme autant de décorations ; il est l'orgueil d'un âge où le monde est encore un territoire à conquérir et où le temps se conjugue exclusivement au présent.

Celui qui s'est vu lui-même est plus grand que celui qui a vu les anges.
(Isaac le Syrien)

« Passez le premier et pardonnez-nous pour notre **bonheur** », dit le prince Mychkine en ouvrant la porte à un malheureux de vingt printemps, rongé par la phtisie et l'avidité, et qui va mourir.
(Fedor Dostoïevski)

Parfois, je pratique des ascèses de **silence**, longtemps, jusqu'à ce que j'entende dans le silence la musique même du silence : un rien, mais un rien qui parle, qui s'écoute.

(Hélène Grimaud : Variations sauvages – Robert Laffont)

***

Un homme qui se noie s'accroche même à un serpent.

***

DU MÊME AUTEUR

Mille et une vies – tome 1
Mille et une vies – tome 2

A PARÂITRE

Mille et une vies – tome 4

Printed in Great Britain
by Amazon

32348800R00111